U0927249

牛人是做出来的

摆脱糟糕生活的智慧

刘尚东 著

CNS PUBLISHING & MEDIA 中南出版传媒 湖南人民出版社 博集天卷 CS-BOOKY

图书在版编目（CIP）数据

牛人是做出来的 / 刘尚东著. —长沙：湖南人民出版社，2012

ISBN 978-7-5438-8877-7

Ⅰ. ①牛…　Ⅱ. ①刘…　Ⅲ. ①成功心理—通俗读物
Ⅳ. ①B848.4-49

中国版本图书馆CIP数据核字（2012）第250544号

上架建议：人际关系/成功学

牛人是做出来的

作　　者：刘尚东
出 版 人：谢清风
监　　制：于向勇　康　慨
责任编辑：胡如虹
策划编辑：赵　辉
特约编辑：王朝选
营销编辑：刘菲菲
封面设计：熊猫布克

出版发行：湖南人民出版社 [http：//www.hnppp.com]
地　　址：长沙市营盘东路3号
邮　　编：410005
经　　销：新华书店

印　　刷：北京嘉业印刷厂
版　　次：2013年4月第1版
2013年4月第1次印刷
开　　本：720mm × 1000mm　1/16
印　　张：16
字　　数：230千字
书　　号：ISBN 978-7-5438-8877-7
定　　价：34.80元

（若有质量问题，请致电质量监督电话：010-84409925）

序　　为人处世的根本方法

在阅读本书之前，请先看一个故事。

古希腊著名哲学家苏格拉底，曾经和一个年轻人辩论为人处世的问题。

年轻人自信地说：我断定，像欺骗、偷窃、奴役之类都是非正义的事情。

苏格拉底沉着地问：如果一个被人民推选的将领奴役一个非正义的敌国人民，我们能不能说他是非正义呢？

年轻人尴尬地回答：他是正义的。

苏格拉底步步紧逼：如果他在作战时欺骗敌人，怎么样呢？

年轻人无奈回答：这却是正义的。

苏格拉底紧追不舍：如果他偷窃敌人的财物，如何呢？

年轻人狡猾地说：是正义的。不过，我开始说的是针对我们的同伙。

苏格拉底机警地说：既然如此，那么我们应该明确界定，像欺骗、偷窃这类事情，施之于敌人是正义的，但施之于同伙却是非正义的，对待同伙必须绝对忠诚坦白，你同意吗？

年轻人又自信地说：完全同意。

苏格拉底问：如果一个将领看到他的军队士气消沉，就欺骗他们说，援军马上要来了，因此提高了士气。又如一个孩子需要服药，却不肯服，父亲就骗他，把药掺进饭里给他吃，使孩子恢复了健康。这两种欺骗的行为应该放在哪一边呢？

年轻人尴尬地回答：应该放在正义的一边。

苏格拉底继续质问：一个人怕伤心的朋友自杀，把他的剑偷去，这种行为应该放在哪一边呢？

年轻人又无奈地回答：当然，也属于正义。

苏格拉底笑道：这就是说，就连对于朋友也不应该在一切时候都坦率行事？

年轻人钦佩地说：对！如果您准许的话，我甘愿收回我已经说过的观点。像欺骗、偷窃、奴役之类方法未必不正义。

这个故事有好几个版本，但大同小异。它说明了什么呢？它说明，关于做人，一切具体的法则，哪怕看上去非常正义，非常道德，也不是永远正确的，而是只适用于特定的情况。大到善良、真诚、美观等，小到握手、问好、谦虚等，莫不如是。

那么，做人岂不是特复杂特难？有没有一个东西来统领这些具体的法则，让为人处世变得容易，并且放之四海而皆准呢？有。这就是本书要告诉你的做人的最高机制总则！

最高机制总则，也叫效益总则，也就是说，它能让你在任何时候都获得最大的效益，或者最大程度地降低损失。具体来说，最高机制总则就是以下内容：为需而动→唯利是图→因效制宜→分层处事。它不是简单的以变应变——这本身就不是绝对正确的，而是因人制宜，因事制宜，因时制宜，因地制宜，一切以效益为目的。掌握了最高机制总则，就会一帆风顺，无往而不利！掌握了最高机制总则，你就掌握了一切！

不信？读完你就不这么说了。

目录

Contents

第一章

做人，万法朝宗 _1

第二章

名言也“打盹儿” _39

第三章

第四章

第一章

做人，万法朝宗

1_弄清六件事，做人有力量
2_人不为己，天诛地灭
3_放之四海而皆准的做人法则
4_我不是教你不择手段
5_自利的间接方法：克己利人
6_一把钥匙开一把锁
7_打一巴掌，再给个甜枣

做人说难也难，说易也易。说做人难，因为做人的问题与方法成百上千，令人眼花缭乱；说做人易，因为不管问题和方法是什么，只要符合万能的最高机制总则就行，可谓万变不离其宗。最高机制总则内涵丰富，表现为多副“面孔”，请诸位慢慢认识。

1 _弄清六件事，做人有力量

我们处理问题，要考虑许多因素，诸如主观自我、客观他人、客观环境，诸如责任、精力、性格、金钱、时间、地点，以及可能性等，五花八门，令人心烦意乱。其实，各种各样的因素归根结底都要整合到“力量”这个概念上。这些因素有没有作用？如何作用？作用的好坏和大小如何？最终都要看这些因素是否构成力量。

力量是一个人对外作用的完整单位。人们的一切交往行为，实质上都是各方力量的碰撞、博弈或融合。

力量包含三种要素：需求、能力和方法。需求包括欲望、情感、责任、义务、目标等一系列因素，能力包括体力、智力、知识、经验、运气等因素，方法包括美观、诚信、尊重、帮助、赞美等因素。

为人处世总共有六件大事，事事离不开力量三要素。了解了这六件事，我们就清楚了为人处世的整体框架。

第一件大事：正确认识自己和他人的力量。

大军事家孙武曰：知彼知己，百战不殆。只有了解自己和他人，才能采取正确的方法，搞好人际关系，进而解决问题。那么，了解什么呢？就是了解人的力量三要素。关于需求，要考察动机、目标等；关于能力，要考察才能、性格、经验等；关于方法，要考察美观、自立、诚信等。

三国时期，曹操攻打袁绍前也是信心不足，忐忑不安。为鼓舞其信心，大谋士郭嘉对曹操说："现在袁绍有十个方面落败，主公有十个方面胜出。

"第一是道术胜出。袁绍讲究繁杂的礼节和仪式，被形式所约束，做事缺乏效率；主公追求实效，因事制宜，事半功倍。

"第二是正义胜出。袁绍作为诸侯，发动的是反叛，主公则代表天子统率天下。

"第三是治理胜出。汉朝因为统治太宽松，导致宦官专权，诸侯割据，政局失控。袁绍以宽济宽，无法慑服下属；主公拨乱反正，恢复制度应有的威严，上下都敬畏主公。

"第四是气度胜出。袁绍外表宽宏而内心狭窄，用人却不信任，任人唯亲；主公外表小气苛刻，但内心精明大方，用人不疑，而且不问远近，唯才是举。

"第五是谋略胜出。袁绍多谋少断，失去先机就无法应付后面的事情；主公策划好就立即执行，而且应变之术无穷。

"第六是品德胜出。袁绍是世袭贵族，喜欢沽名钓誉，那些擅长奉承而缺乏谋略的名士都归顺于他；主公诚心诚意对待他人，不贪虚名，有功必赏，那些有真才实学、富有远见的人都愿意为您所用。

"第七是仁义胜出。袁绍见到饥寒之人，脸上就流露出怜悯之色，却不顾及那些从未见过面的广大贫困百姓的死活，这是妇人之仁；主公对眼前小事有所忽略，对待大事却从不含糊，思虑所及不限于直接接触的人，恩德加于天下，民心顺服。

“第八是贤明胜出。袁绍不会用人，大臣争权夺利，相互攻讦，弄得他分不出好坏；主公以正道统率下属，不受小人谗言的迷惑和摆布。

“第九是文韬胜出。袁绍不能明辨是非；主公对正确的事情用礼仪进一步肯定，对错误的事情用法律加以矫正。

“第十是武略胜出。袁绍打仗只会虚张声势，不懂得兵法要领；主公以少胜多，用兵如神，士兵信任，敌人畏惧。”

郭嘉一番精彩的比较，终于鼓足曹操的信心，最终打败袁绍，一举确立霸业。

以现代的眼光来看，以上十条涉及个人修养、性格、才智等重要方面，它们构成了曹操强大的力量。希望读者都做富有大德大才的曹操，勿做只有小德小才的袁绍。

第二件大事：依靠自己的力量做事。

处理一件事情，人们会考虑：这件事情是否符合自己的需求，值不值得做？自己的能力是否足够，能不能做？哪个方法合适，如何做？

与自己的需求无关的事，人们不会关注，即使能力绰绰有余也懒得伸一根手指头，所谓事不关己高高挂起。如果事情关系到自己的需求，还要衡量能力够不够，切忌硬撑。当需求和能力都合适后，还得摆出许多可能成功的方法，从中选择效益最佳的一两个，切忌胡干。虽然条条大路通罗马，但最快到达的路只有一条。

美国喜剧明星卓别林有一天深夜回家，走到一条僻静的小路时，突然从路边蹿出一个劫匪，拿着手枪逼他交出身上的钱。卓别林口袋里的确装着一大笔钱，他当然不愿意给劫匪，但是既保住钱又保住命似乎很难办。卓别林毕竟是卓别林，他拿出平时演戏的功夫，装出浑身发抖的样子，战战兢兢地说：“我身上是有点儿钱，我会给你的。可这钱全是老板的，请帮个小忙吧，在我帽子上打两枪，我回去好跟老板交代。”劫匪一听有点儿道理，就把他的帽子接过去，“砰砰”开了两枪。卓别林扯起裤脚央求：“请您在这里打两枪，这样就更逼真了，老板就不会怀疑我私吞了。”劫匪又照办了。卓别林又扯起衣襟说：“请再朝衣襟上打几个洞吧。”劫匪不耐烦地骂道：“你这个胆小鬼！”他扣动扳机，却不见枪响，原来子弹打光了。卓别林趁机撒腿就跑，只留下劫匪目瞪口呆。

劫匪持枪抢劫，反抗或逃跑都会带来危险，不是上策。当然，束手就擒，任其抢劫，也是下策。卓别林欺骗劫匪消耗子弹，避免硬碰硬，进而脱身，堪称上上策。

还有个耐人寻思的寓言。一次，乌鸦和猪一起坐飞机。飞行途中，乌鸦对空姐傲慢地说：“小妞，有酒么？”空姐回答没有。乌鸦大声斥责：“连这个都没有，还开什么飞机？滚一边儿去！”空姐没有发怒。

猪觉得乌鸦很牛气，于是也模仿说：“小妞，有酒么？”空姐同样回答没有。猪也大声说：“连这个都没有，还开什么飞机？滚一边儿去！”

空姐终于愤怒了，报告给机长，机长立即打开舱门，把猪和乌鸦从六七千米的高空扔了下去。

猪吓得大声号叫，乌鸦得意扬扬地对猪说：“小样儿，竟然学我！我有翅膀，你有么？不要不自量力！”

可见，我们无论做什么事，都要检查自己的需求是否合理，衡量自己的能力是否足够，不能一味蛮干，否则不会有好果子吃。

第三件大事：针对他人的力量处理问题。

在人际交往中，当自己力量不足时，就要针对他人的力量解决问题。例如通过送礼拉拢一个人，就要同时考虑他的需求及其自身满足这种需求的能力。如果一个人不喜欢一种东西，即使再贵重你也不要送给他；如果一个人喜欢一种东西，但自己有能力轻松得到，你也不要送给他，因为他不稀罕；只有送既想得到又难得到的东西，他才会珍惜，才能俘虏他的心。俗话说“妻不如妾，妾不如偷”，正是这个道理。

段祺瑞非常喜欢下围棋。一次，他和儿子段宏业下棋，惨败，就摆出老子的威风，怒斥道：“你这小子，什么本事也没有，只知道玩儿这个，以后有什么出息？”段宏业吸取教训，后来故意大败，岂料段祺瑞又骂他：“你这小子，连个棋都下不好，以后有什么出息？”弄得段宏业左右为难。

原来，段祺瑞的水平不是很高，但自尊心很强，不愿意输棋。一些棋手为迎合段祺瑞煞费苦心，一方面不能赢，否则惹他恼怒；一方面也不能多输子，否则会让他看不起，他赢得也不够快乐。只有既让他赢，又让他赢得不轻松，才能把他哄得舒舒服服，主客融洽相处。由此可见，揣摩好他人的需求与满足需求的能力，是搞好关系的核心。

第四件大事：根据德才选择朋友。

我们在结交他人时，必须考察对方的力量，尤其是品德和才能。形象地说，有德有才为精品，有德无才为赝品，无德有才为毒品，无德无才为废品。德才兼备者值得结交，而无德无才、有德无才和无德有才的人，都不能轻易结交。如果比较品德和才能的价值，恐怕品德要略胜一筹，因为品德不好会使其做出很多损人利己的行为；而且品德关系着本性，比才能更加稳定，一旦形成很难改变。

曾国藩选人，一向主张德才兼备而偏重于德。他认为德若水之源，才若水之波；德若树之根，才若树之枝。有德无才，属于愚人；有才无德，属于小人。二者不可兼得时，与其无德而成为小人，毋宁无才而成为愚人。

一天傍晚，曾国藩回府，下属禀告，李鸿章推荐了三个年轻人，他们已经在庭院里等了半天。曾国藩在大门口悄悄观察一番，然后请三人谈了一会儿，接着就安排职位。

下属好奇地询问：您和这三人结识不过半个时辰，根据什么安排的职位呢？

曾国藩笑着回答：

第一个年轻人在等我时便探头探脑打量大厅里面的摆设，从而揣摩我的喜好，所以和我谈话很投机，但是他对很多学问不精通。而且，他在等我时嘟嘟囔囔，大发牢骚，见了我之后却恭恭敬敬。可见，此人口蜜腹剑，善于钻营，有才无德，不足以成大事，不可给他实权，我是看在李鸿章的面子上才给他个虚职。

第二个年轻人在等待时规规矩矩地站着，几乎一动不动，而谈话时小心翼翼，唯唯诺诺，毫无主见，这就显得沉稳有余，魄力不足，只适合做一个记账文书。

让我看重的是最后一个年轻人刘铭传。他在长时间等待时竟然仰观浮云，这就显得不急不躁，从容淡定，颇具大将风度，足以在军前效力。更难得的是，谈话时，面对显贵，他能不卑不亢，而且颇有见地，这是旷世奇才啊，日后必成大器！我已经写信嘱咐李鸿章重点培养刘铭传。不过，他初次见面就敢偶尔顶撞我一句，可见性情耿直，日后难免招惹是非，影响仕途。

曾国藩果然慧眼识人，刘铭传后来脱颖而出，立下赫赫战功，升为台湾巡抚，并在淡水打败入侵法军，从而扬名中外，至今被人怀念。可惜，正如曾国藩所言，心直口快的刘铭传最后被小人中伤，黯然离开人生的顶峰之地——台湾。

第五件大事：针对其力量克服敌人。

在生活中，我们难免有几个敌人，怎么消除敌人的威胁呢？还是要从需求和能力这两方面着手。如果无法消除敌人的敌意，那就消除敌人的能力；如果难以消除敌人的能力，那就消除敌人的敌意。只要一方面得手，就能瓦解他的整个力量，感化或者打败他。

曾国藩的弟弟曾国荃任两江总督时，江苏布政使是曾国藩的门生许振，二人一向不和。当时曾国藩已死，曾国荃写好了奏章，准备弹劾许振。

世上没有不透风的墙，许振听说后焦急万分，向师爷讨教对策。师爷说："曾帅死后我们无力抗拒曾国荃，只好以情动人，抬出死人压活人了。"按照师爷的计策，许振火速在南京城里买下一所大房子，不分昼夜地施工，改建为书院，用曾国藩的谥号命名为“文正书院”。许振还摆上曾国藩的遗像，亲自写一副对联挂上：瞻拜我惟余涕泪，生平公本爱湖山。

一切准备就绪后，许振立即诚恳邀请曾国荃以及全省各位大员莅临书院。曾国荃虽然反感许振，但是没有理由回绝，不得不应付一下，顺便看看他葫芦里卖的什么药。开学仪式上，面对曾国藩遗像，许振伏地痛哭，一把鼻涕一把泪，观者无不动容，交口称赞许振重情重义，不愧为曾国藩的得意门生。行礼结束后，许振恭恭敬敬地请曾国荃题写匾额。接着，许振向全体师生慷慨陈词，说自己十分尊崇和怀念先师，勉励大家学习曾国藩。最后，许振还动情地推崇曾国荃：“两江总督曾大人是先师之亲弟，我一向尊崇他，大家见到他就如见到先师一般，务必恭恭敬敬，不可有丝毫怠慢。”

许振一连串情真意切的表演感人肺腑，连曾国荃这样暴躁倔强的人都被感化了。他回到总督衙门，立即烧掉了弹劾许振的奏章，并对属下说：“如果弹劾许振，我就对不起先兄的在天之灵了。”

许振的这一招确实高明。人最强大的是内心，最软弱的也是内心，给敌人的内心挠痒痒，他舒服死了，焉会恨你？

第六件大事：修正自己的力量。

既然力量如此重要，我们就应该培养出强大的力量。我们既要具备丰富的力量种类，还要具备不同的力量强度；既要培养欠缺的力量，还要修正多余的力量。

社会复杂，说不定会碰上什么意外。为应付各种情况，平时必须培养尽可能丰富的力量，有备则无患。如同练兵，各种动作都要学会，有些特殊动作可能以后用不上，但也可能发挥很大的作用，因此必须掌握。当我们具备丰富的需求，成为“花心人”；具备丰富的能力，成为“万能人”；具备丰富的方法，成为

“多面手”，就会积聚丰富的力量，做到胸有成竹，潇洒处世，兵来将挡，水来土掩，万事如意。

我们尤其要注意，看似相互矛盾的正面力量和负面力量并不是决然对立的，它们可能导致相似的结果，应该把它们结合起来。在需求方面，我们必须同时具有博爱需求和非博爱需求。一个人如果完全自私，就没有好人缘，也就不会有好下场；同样，一个人完全无私，只关心别人不关心自己，也会让自己损失惨重。

在能力方面，我们既要具备各种交际技巧，还要具备一定的实力，如工作能力和钱财，否则，一个乞丐百般讨好别人也不会受到关注，一个普通人到微软工作再会搞关系也难受到尊敬。同时，我们还要具有一些“虚力”，即业余爱好，如下棋、打球等。如果一点儿爱好也没有，会缺乏与别人交往的机会，关系也就无法融洽和密切。

在方法方面，我们必须同时具备道德上站得住脚的方法和非道德方法。一个人如果只懂得真诚而不懂得欺骗，只懂得善良而不懂得邪恶，难免会栽跟头。

总之，只要紧紧抓住力量三要素，壮大自己的力量，消除敌人的力量，就能处理好一切事情，潇洒走人生，逍遥闯社会。

2 _人不为己，天诛地灭

在力量的三大要素中，需求起着支配性的作用，引导着一切行为的方向。无论是谁，无论碰到什么人和事，无论选择什么方法，其核心都是保障自己的需求得到满足。

一切人际关系本质上都是需求关系，如果你满足他人的需求就会得到其好感，把你当朋友；如果你阻碍他人满足需求就会遭其反感，当你是敌人；如果既不帮助也不阻碍他人满足需求则视你为陌生人，既不喜欢你，也不痛恨你，甚至不关注你。

因此，个人需求里面隐藏着做人最大的奥秘，为人处世最重要的问题就是搞清楚人有什么需求和特性。概括来说，人天生具有生存需求，在满足这一需求的过程中，逐步产生享乐、审美、自爱和博爱等需求。

我们刚出生时和阿狗阿猫差不多，只有生理机能，派生出生存需求，追求吃喝、温暖、安全等。人吃下甜美的食物、穿上精美的衣服后，生存需求得到满足，产生快乐的情绪，从而喜欢那些食物和衣服，形成原始情感。当原始情感不断壮大，会喜欢上追求甜美的食物等，甚至上瘾，这就形成享乐需求。

人的生理与心理机能还天生具有一些形式需求，本能地喜欢有节奏的声音、对称的图形等，这些会让耳朵和眼睛感到舒服。随着年龄的增长，人会越来越明确地喜欢某些美丽的形式，从而形成审美需求。

随着独立自主地吃饭穿衣玩耍，人逐渐理解了“我”及自己名字的意义，形成了自我意识。与此同时，各种原始需求都同自我意识发生联系，集合成自爱，形成自爱心。用数学公式表达如下：

自爱=（温暖+美食+安全+美观+……）×自我意识

有人会说，我们人类高贵的自爱自尊怎么可能脱胎于粗俗的吃喝呢？其实，高级的东西总是起源于低级的东西，就像人类起源于猿猴，猿猴则起源于更低级的动物。而且，我们要注意到，富人为什么感觉比穷人高贵？就是因为富人有钱，而钱能够换来高档的吃喝，从而转化成自爱。锦衣玉食的小孩一向很有自尊，而缺衣少食的小孩总是比较自卑。当然，随着自爱的发展壮大，它会逐渐成熟起来，派生出自己特有的需求，要求他人也喜爱自己，追求尊严、名誉和权力等目标，自爱本身绝不会追求吃喝。

在生存和自爱等需求的基础上，博爱需求也发展起来。儿童由喜欢甜美的食品进而喜欢食品的提供者——父母，如果长时间看不到父母，儿童就会潜意识地感到生存危机，哇哇大哭，见到父母后则破涕为笑。少年把父母、兄弟姐妹看作另一个自我，把他人看作自己的同类，把自己看作集体的一分子，逐渐形成博爱需求，形成良心。

经过生活的历练，二十来岁的青年人已经形成明确的五大需求，这辈子喜欢什么，追求多少，大体确定了。人类需求结构如图一所示：

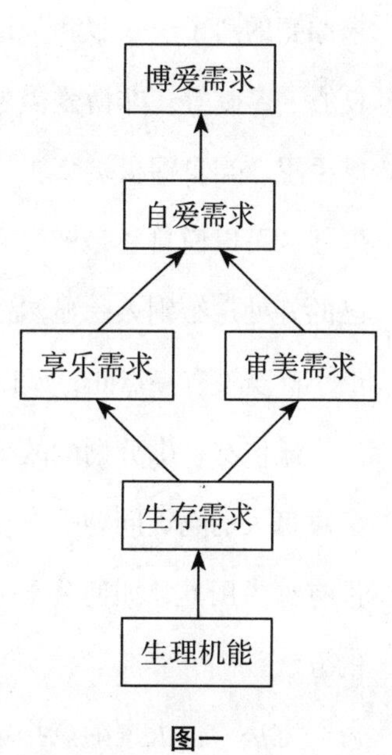

图一

五大需求具有不同的生命力。显然，生存、享乐与审美需求直接联系着生理机能，生命力最强大，人们的需求程度普遍强烈；自爱需求作为原始需求的集合，生命力比较强大，人们的需求程度普遍一般；博爱需求处于需求演化系统的末端，生命力相对最小，人们之间差别巨大——的确有大公无私毫不为己的人，但那只是凤毛麟角；绝大多数是普通人，具有强烈的生存需求、一般的自爱需求和微小的博爱需求。

有一个典故。一次，乾隆皇帝来到镇江金山寺游览，看到长江千帆竞发，百舸争流，有所感触。他问跟随的和尚："江中来往有多少船只？"和尚一听，暗自思量：这个问题提得别扭，江上这么多船，特别是极目之处若隐若现，如何计得了数？他眉头一皱，计上心来，说："两只。"乾隆一愣。和尚徐徐道来："常人看来千船百舸，但在贫僧看来只有两只，一大一小，大船为利，小船为名。"乾隆哑然失笑，十分佩服。

和尚说得妙，绝大多数人把生存、自爱视作主要需求，热衷追名逐利而以利为主。因此，在和他人打交道时，我们不要奢望别人都会无私地爱护自己，就像他人不会奢望我们会无私爱护他们一样，而要注意满足其名利需求，这样才会获得好人缘。

五大需求具有不同的对象和特性。生存和享乐需求追求钱财等，审美需求追求漂亮的房子、衣服和帅哥美女等，自爱需求追求尊严和名誉等，博爱需求追求良心、奉献等。非博爱需求都有一个特性——自保，即把自己创造的名利抓在自己手里。当自保极端膨胀，就成了自私，掠夺别人的名利，或者抛弃自己的社会责任，可以说自私是极端变态的自保。博爱需求则具有无私性，是把本来属于自己的好处送给别人。显然，普遍来说，人们的自保性最大，自私性次之，无私性最小甚至没有一点儿，所以古人有言"人不为己，天诛地灭"。

流传有一个分粥的故事。有七个普通人组成一个小团体，计划用和平的制度解决每天的吃饭问题——分食一锅粥。这锅粥不是很多，勉强够大家喝。可是，没有称量用具，如何公平分配呢？他们接连试验了几种不同的方法，以选择最佳的方法。

方法一：大家随意指定一个人主持分粥。当天大家就惊讶地看到，他为自己分的粥最多。于是换了一个人，但结果依然，分粥者碗里的粥总是最多最好。大家认识到：权力导致腐败，绝对权力导致绝对腐败。

方法二：大家共同推举一个品德相对最好的人主持分粥。最初几天他还能公平分粥，但时间长了，他就开始为自己和奉承自己的人多分。

方法三：选举出一个分粥委员会和一个监督委员会，形成监督和制约。公平基本做到了，可是效率下降了，因为监督委员会常提意见，分粥委员会又据理力争，吵吵嚷嚷，等粥分完，早就凉了。

方法四：每人一天轮流负责分粥。这样倒是平等了，但是每个人在一周中只有一天能吃饱而且有剩余，其余六天都饿肚子，这个方法也不好。

方法五：每个人轮流值日分粥，而且分粥者要最后一个领粥。令人吃惊的是，在这个制度下，七只碗里的粥每次都是一样多，就像用精密仪器量过一样。显然，每个分粥人都知道，如果七只碗里的粥有差别，别人肯定拿走较多的，自己肯定是那份最少的，这样就会吃亏。

这个故事形象地表明，人们内在的自保、自私性无论如何都不会被外在压力消灭，面对不同的压力总会披上不同的“外套”来保护自己，以满足自己的需求。然而，只要制度合理，利用人性的自保、自私同样可以获得公正的效果。为了不让自己吃亏，就不能让别人吃亏；为了不让别人占自己的便宜，自己就不能占别人的便宜，大家皆自保，一切都公平。

还有一个真实的故事，说的是同样的道理。18世纪，英国政府雇用私人船只把大量罪犯送往澳大利亚，以便开发当地。开始，按照上船时的罪犯人数付费。私人船主就尽量多装人，少给饮食，拼命压低成本增加利润，因此船上拥挤不堪，卫生条件极差，加上犯人缺乏营养，平均死亡率超过10%，罪犯家属和社会舆论纷纷抨击政府。为改善运送工作，英国政府先后尝试了三种方法。

第一种办法是进行道德教育，让私人船主注重名誉和良心，少装犯人，多给饮食，弃恶从善。但是私人船主之间竞争激烈，谁要大发慈悲，谁的利润就最薄，谁就无法生存下去。这个方法无异于与虎谋皮。

第二种办法是政府制定最低饮食和医疗标准，并派官员上船监督实施。但是，这种苦差事必须付给高薪，否则无人肯干，导致成本太高。更恶劣的是，船主会逼迫官员同流合污，否则就把不识相的官员扔进海里淹死，再谎称他们暴病而亡，政府也查不出来。第二种方法同样宣告失败。

第三种办法，政府不按上船时的罪犯人数付费，而是按实际到达澳大利亚的罪犯人数付费。这样一来，每个船主都尽量善待犯人，以使他们存活下来，罪犯死亡率下降到1%。原因很简单，船主们都知道，只有活着到达澳大利亚的罪犯越多，自己的收入才会越高。

最后，我强调一点：五大需求具有共同的特性——自利。人与外界交往的任何行为，本质上都是自利的，都有利于维护自身的生存和发展。例如，吃饭会让自己生存，否则肉体会死亡；自尊会让自己感到光荣，否则就会被骂作没人格的哈巴狗，导致精神痛苦；博爱则让人感到愉悦，否则被人骂作没人味的畜生，同样导致精神痛苦。

有人认为，博爱完全是吃亏不讨好的事，此言差矣！在大脑神经产生的思想意识中，博爱者和被爱者已经成为一个不可分割的整体，帮助被爱者消除痛苦就会消除自己的连带性痛苦，帮助对方获得快乐就会让自己获得连带性快乐。博爱的快乐虽然小，但是确实有。看着孩子高兴地吃着自己做的饭菜，哪个父母不感到幸福呢？帮助朋友解了燃眉之急，看着他展颜欢笑，哪个人不高兴呢？给问路的陌生人指明道路，看着他高兴地走开，谁不欣慰呢？

美国有个百万富翁，左眼坏了，装了一只假眼。他碰到马克·吐温，问：“你能猜出我哪只眼安装了假眼吗？”马克·吐温瞄了一眼说：“左眼。”富翁很是惊奇：“你怎么知道？”“因为这只眼里还有一点儿仁慈。”对方恼羞成怒，却又无可奈何。可见，博爱被看作人性的标志之一，无博爱则不算人，博爱需求虽然很低，但是很有必要。

自利可谓是生命的本性，而自保、自私以及无私都属于自利的衍生品。就普通人而言，都是以自保为主，自私次之，无私最少，大体来说：

自利 = 70%自保 + 20%自私 + 10%无私

正是因为多数普通人的自利包含着无私，所以能够和谐相处，形成正义的理念。所以多数人会帮助他人，把亲人当作自己，把朋友当作亲人，把顾客当作朋友，把老乡当作兄弟……社会舆论肯定这样的行为，称这样做的为“人”。不过，如果有人不惜付出很大的代价甚至搭上自己的生命去帮助他人，民众会赞美他高尚，但大多人会觉得很难效仿，毕竟人性的主要成分是自利。

3 _放之四海而皆准的做人法则

在人际交往中，处理事情，人们遵循三大类步骤，每类步骤又包含一些具体的小步骤。

第一步，调查。人们首先会分析这件事是否符合自己的需求。如果对自己的需求既无利也无害，整个事情的价值等于零，人们就不会进行下一步行动。只有对自己有利或有害，才会调查事情的有关情况。

第二步，决策。根据调查结果，确定处理事情的最佳方法——能带来最大好处的方法。

第三步，执行。根据决策，执行既定方法。在执行过程中，如果发现客观反馈的事实和计划不符，人们会重新判断事情的价值，进而改变方法。

我们知道，决策是重中之重。那么，如何决策呢？在现实生活中，我们会遇到不同类型的事情，从而采取不同的决策方式。

任何事情总会涉及许多因素，可以将其分为两大类：一是对象，多数时候是指直接刺激自己的他人所发之话语、动作、表情等，而非他人本身；二是条件，包括自己、他人和环境等。对象是核心因素，其他因素通过对象发挥作用。

有些事情十分简单，条件中的各项因素都很简单，因此可以直接根据对象的价值采取反应，几乎是本能反应，用不着多思考。例如，和人交谈时，对方称赞自己，会表示感谢；走在马路上，有人迎面过来，会主动避让。

多数事情属于普通事情，条件相对复杂一些，主观和客观力量对对象的影响大，对此可采取基础价值决定反应的决策方式。对象、他人、自我和环境这四大因素都属于事情的基础因素，具有基础价值。基础因素派生出自己的反应和他人的反馈等，因此蕴含着整个事情的价值，也就是说，全部基础因素的价值总和等于事情的整体价值。

在盘算基础价值时，必须综合考虑对象、他人和环境对自己需求的价值。而且，在考虑他人的价值时，不仅要考虑他人的力量对自己需求的制约，还要反过来考虑自己的力量对他人需求的制约，因为自己的力量会影响到他人的反馈。如果自己比对方更有力量，更能制约对方，自己就会相对看轻对方，而被对方看重。因此，他人具有一种综合价值，即他人对自己的价值减去自己对他人的价值。

事情整体价值的构成如下所示：

事情整体价值=基础价值

=对象价值+条件价值

=对象价值+他人综合价值+环境价值

=对象价值+（他人对自己的价值－自己对他人的价值）+环境价值

例如，当基层员工恭敬地问候总经理后，总经理一般是如何盘算的呢？第一步，衡量出员工恭敬问候这个对象具有重大价值，因而值得自己关注；第二步，衡量出员工本人地位很低，缺乏力量，对自己只有较小的价值；第三步，衡量出自己对员工具有重大的制约价值；第四步，发现周围环境对自己没什么影响；第五步，综合前面几部分价值，得出这件事整体对自己的价值较小；第六步，根据事情的较小价值，确定平淡的反应态度和方法；第七步，轻微点头，就算是合理的回应。整件事情的交际公式如下所示：

员工重大尊敬+员工较低的地位－领导较高的地位+环境的零影响=较小的有利价值→总经理略微尊敬的态度→总经理轻微点头

值得强调的是，有时侵犯自己的他人可能具有相对的有利价值。例如，你在公交车上被一个大汉踩了下脚，对方也没道歉，自己感觉吃亏了，就想训斥对方。这时，发现对方人高马大，表情凶恶，而且有几个同伙，如果训斥他，可能遭到他的反驳甚至毒打，自己还要吃更大的亏，就不再理会。这样能避免更大的损失，相当于沾光，整个事情的价值是有利的。其交际公式如下所示：

大汉微小伤害+大汉重大保护自己的力量－自己微小的反击力量+环境微小保护自己的力量=事情的微小有利价值→自己容忍的态度→自己皱皱眉头了事

还有一类事情，主观和客观的力量非常复杂，主观反应可能引起客观的多种反馈方式，对此就要具体考虑整个事情中的收入价值和支出价值之差，即效益，采取效益筛选的决策方式。具体步骤是：

第一步，找出标准方法。

根据对象价值确定一种相应的反应方法，称为标准反应方法，对好的对象就欢迎，对坏的对象就排斥。

第二步，推测对方反馈。

推测一下，自己在使用标准方法之后，对方根据本身力量最可能做出的反馈。

第三步，计算效益。

从纵向看，交际过程包括三个阶段：对象刺激——自己反应——对方反馈，当然也可能有自己反应和对方反馈的不断循环，则效益的大小如下所示：

事情整体价值=效益价值

=全部收入价值－全部支出价值

=对象刺激的发出价值－自己反应的投入价值+对方反馈的发出价值

效益的计算还有另外一种方法。从横向看，一件事情会涉及许多种类的因素，有良心与自尊、金钱与地位、体力与脑力等，每种价值还具有程度和可能性的大小以及时间的长短问题，这些都会影响人们需求是否得到满足的情感体验。在人的意识中，所有的价值，包括面子和良心，都转化成同一种体验——需求是否得到满足的情感体验，转化成不同程度的快乐或痛苦。面子和良心等不同价值之间的博弈，实质上都是情感之间的博弈，都会换算成“情感货币”进行买卖。正因为如此，人们会盘算事情中的全部收支价值，计算效益大小：

事情整体价值=效益价值

=全部收入价值－全部支出价值

=收入（赞美+良心安慰+长期金钱回报+……）－支出（体力消耗+脑力消耗+……）

第四步，根据效益选择反应态度。

效益可以划分为三种层次，相应地可以采取三种态度，如下所示：

正常效益（收入大于支出=一般程度的有利）→正常态度（一般快乐地接纳）

超正常效益（收入远大于支出=重大程度的有利）→超正常态度（非常快乐地接纳）

非正常效益（收入约等于或小于支出=很小程度的有利或不赔不赚或有害）→非正常态度（稍微快乐地接纳或冷淡接纳或痛苦拒绝并试图扭转局面）

如果标准方法产生的效益是亏本的或中性的，就放弃它，再寻找好方法；如果效益很小，自己不甘心，就寻找能获得更大效益的方法；如果效益很大，多数人会满足而采用标准方法，少数人会仍旧不满足，还想寻找更大的效益和更好的方法。

第五步，围绕标准方法尝试更好的方法，选择能真实地获得最佳效益的方法。

这时要考虑对方和自己力量的对比，据此改善标准方法。如果自己自保的力量比对方大，新方法就可以比标准方法强硬一些；如果自己自保的力量比对方小，或者自己大公无私，新方法就要比标准方法软和一些。

双方力量越复杂，考虑的方法就越多。从理论上说，针对某种问题的具体方法是无限的，所有方法以标准方法为基础，或上下浮动程度，或正反颠倒性质，构成一个方法圆圈，如图二所示：

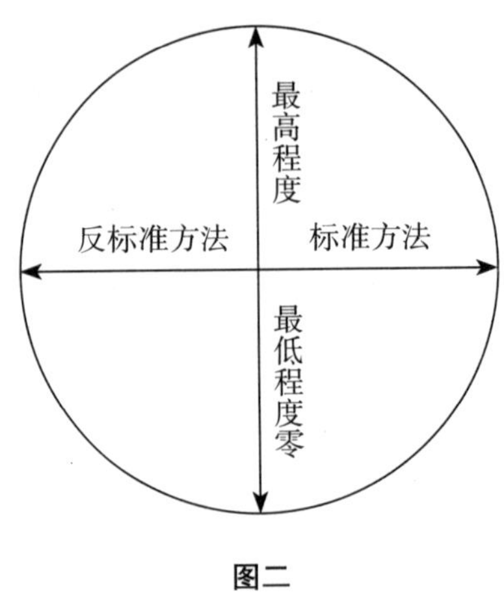

图二

在方法圆圈中，标准方法是半径，相反方法为另一半径，二者构成横轴；纵轴表达从最低程度零到最高程度；从圆心到圆弧的各个半径是各种可能的方法，一些方法还可以混合构成混杂方法。

举个简单的例子。一个朋友来借十万块钱。如果这事你感觉很棘手，无法直观地得出事情的基础价值，就采用效益决策的方式，根据对象价值选择反应方法。首先分析同意借和拒绝借，如果拒绝，自己会保住这十万块钱，但是很可能会失去这个朋友，效益上亏损；同意借钱的话，自己会暂时失去这十万块钱，但是会得到朋友的感谢，以后也会得到还款，效益上合算。两种方法比较，可以确定同意借钱。

进一步分析，反应方法可分为“热”借和“温”借。如果热烈同意借钱，朋友会认为你财力雄厚，可能再度提出借钱，让你无法应付，从而产生有害的结果；如果温和地同意借钱，说自己也有困难，但为了朋友不惜两肋插刀，这样朋友既会认为你是真心帮他，又得知你已倾尽全力，再没有更多的钱，就不会再次提出借钱而仍然感激你。两种方法比较，“温”借属于上策，可以确定实行。

总之，针对复杂事情，要拿出几个最可能实行的方案，逐一演练其反应过程，计算出每套方案的效益，选择那个效益最好的方案。

知道了如何根据效益选择方法还不够，我们还要注意几个问题。

第一，注意长期价值和隐蔽价值。

普通人都喜欢关注最基本、最重大、最有可能和短期的价值，而忽略长远和隐蔽的价值；好高骛远者只看重长远、重大但事实上虚无的价值，如同传销者深信自己会在几年之后赚到数百万元，彩票迷会认为自己下一次可能中五百万元的大奖；而成就大事者会考虑得更全面，既重视短期价值，也会关注长远而真实的价值。

有一次，成功学大师卡耐基在纽约租下一家饭店的舞厅，准备上短期的培训课，期限是20天。就在所有门票都卖出时，他忽然接到饭店通知，租金涨价3倍。

卡耐基当然不愿增加费用，就去见饭店经理。经理以为卡耐基会大声抱怨，责怪他乱涨价，不料，卡耐基平静地说道："知道你要涨价，我感到吃惊，但我一点儿也不责怪你，换作是我，或许也会这样做。你是经理，当然要为饭店着想。现在让我写下涨价给你和饭店带来的好处与坏处。"

卡耐基迅速拿出一张纸，在中间画一条竖线，左边写上"好处"，右边写上"坏处"。在"好处"的下面写道：由于涨价太多我会另选地址，舞厅空下来以后可租给别人跳舞，二十天的跳舞收入显然比我的租金要高。在"坏处"的下面写道：首先，你们将会失掉我已交的租金。除此之外，对你们还有一个更大的坏处。我的培训会吸引很多受过高等教育的文化人，这对你们饭店是很好的宣传，可以抓住许多潜在的客户。你就算花费五千美元在报纸上做广告，也没有这样的效果。但是，如果你坚持涨价，你将失去这么值钱的宣传机会。

写完之后，卡耐基笑着说："请你仔细考虑一下你得到的利弊，尽快通知我。"结果，租金只涨了50%，而不是原来的3倍。

卡耐基的确高明，站在对方的角度做文章，为他算细账，谋福利，自然会打动对方。当然，对方也不是被哄骗，也是按照自身正常的机制决策的，显然如果坚持涨价3倍会弊大于利，要想赚更多的钱只能继续让卡耐基做培训。

第二，坚持效果服从效益，局部效益服从整体效益。

碰到一个问题，把这个问题本身解决掉，处理好，这叫有良好的效果。不过，有良好的效果不一定有良好的效益，因为解决某个问题必然会引起其他问题，比如自己付出的代价。因此，理想的方式是，既要注重效果，更要注重效益，既要解决原来的问题，又要以最小的代价消除次生问题。如果次生问题比原来的问题还大，还难以解决，那就不如让原来的问题继续存在。

有些效益属于局部的、阶段的效益，如何取舍必须结合最终的、整体的效益来考虑。有的阶段效益看起来是负面的，然而它能促使整体效益变成正面的，这种负面的阶段效益就应该接受；有的阶段效益看起来是正面的，然而它会使整体效益变成负面的，这种正面的阶段效益就应该拒绝。

20世纪60年代，林伟富在德国柏林开办了一家富丽中餐馆。他天真地想，这里几乎没有专业的中餐馆，自己一开张保证宾客满门，大赚一笔。但是，他的餐馆开张后却是门可罗雀，一个月下来，账面惨不忍睹！他向顾客们征求意见，客人都对菜肴的味道感到满意，但抱怨价格比西餐略贵。由于西餐是“批量生产”，而中餐则是“单锅独炒”，价格不得不高，而且缺乏降价空间，林伟富为此十分苦恼。

一天，他偶然看到那些长期被关在笼子里的鸡日渐消瘦，已经奄奄一息，无奈决定全部提前杀了，否则一旦鸡死了就连一毛钱也卖不了！他贴出告示：中国炖全鸡，6马克/只。这明显赔本，因为鸡的进价就是8马克一只，养了这么久，还要加工，但是他只能这么做。

6马克一只的炖鸡果然吸引了许多爱占小便宜的顾客，竟然一天就卖完了！而最出乎意料的是，林伟富这一天不但没有赔本，反而赚了500马克。原来，亏本卖的只有一个菜，而被它吸引来的顾客会点其他菜肴，不仅弥补了炖鸡的损失，而且整体上还赚了，减一换来加十。以后，林伟富不断捣鼓出各种“亏本亮点”，吸引了越来越多的顾客，他的钱包就一天天鼓起来，最终成为百万富翁。

综上所述，我们针对不同的事情要采取不同的决策方法：针对简单的事情采取对象价值决定反应的方法，针对普通事情采取基础价值决定反应的方法，针对复杂事情采取效益价值决定反应的方法。由于收入价值和支出价值都是基础价值的释放，所以效益价值决策法和基础价值决策法是相通的，两种决策方法本质上是一致的。事实上，针对所有的事情都可以采取效益价值决策法，因为它是最彻底最全能的决策方式，只不过对简单和普通事情而言显得多余罢了。

广而言之，为人处世要遵循效益法则，也是最高的机制总则：为需而动→唯利是图→因效制宜→分层处事。具体地说，我们作为人，永远受到根本人性的驱使，做任何事情的最终目的都是满足自己的需求，追求的是个人的自利。但是由于情况不同，需要根据效益选择适宜的态度、方法，不同层次的效益适用不同层次的态度、方法。我们同别人打交道的时候，无论面对什么人和什么事，不管处于什么情况，都会服从这一机制总则。

4 _我不是教你不择手段

我们为人处世所用的具体方法，往往被涂上感情色彩，帮助人、尊重人等方法通常受到赞美，骂人打人等方法通常受到鄙视。其实，方法本身无所谓好坏，选择方法必须看具体情况，看面对的是什么对象和什么条件。

在一些电影电视作品中，我们会看到一些这样的镜头：情况非常危急时，有人总是大喊“要不惜一切代价完成任务”。这句话的意思就是，只要能实现正确的目的，不仅可以使用正常的手段，而且可以使用一些特殊的甚至非正常的手段。也就是说，可以使用一切方法，只要能保证最佳的效益。

为人处世，树立选择一切方法的观念是十分必要的。我们知道，自利是人际交往的发动机，是永恒不变的。然而，在现实生活中，客观情况总是复杂多变的，对象在变，条件也在变，因此要始终保证自利，必须审时度势，因人制宜，因事制宜，因时制宜，因地制宜，所选择的方法自然随之变化。正因为什么情况都可能碰到，所以一切方法都有可能用到。诚如邓小平所言：不管黑猫白猫，抓住老鼠就是好猫。

明朝开国皇帝朱元璋心狠手辣，为维护政权而大肆屠杀朝臣。官员们提心吊胆，每天上朝之前都要安排好后事，以备有去无回；如果回来了，就举家庆贺又多活了一天。这就把一些官员硬生生地逼出奇招。

一次，朱元璋又决定杀许多官员，让御史袁凯把案卷拿给太子复查。太子心慈手软，一向主张仁政，因此反对判处死刑。袁凯将太子的意见如实转告给朱元璋，没想到朱元璋却给他出了一个要命的难题：“你说，我和太子谁对谁错啊？”两头都是大人物，都得罪不起，袁凯只好回答说：“陛下执法是正义的需要，而太子是宽政。”这个回答本来非常聪明，不料朱元璋却凶狠地斥责他：“老奸巨猾，两头讨好！”

袁凯知道朱元璋动了杀机，为逃过一劫，他在过桥时佯装疯傻，披头散发，乱喊乱叫，倒地打滚。朱元璋认为他装疯，命令侍卫用锥子扎他，他咬牙忍痛，不躲不闪，像没扎到一样。被人送回家后，袁凯又拿拴狗的铁链拴住自己的脖子，整天蓬头垢面，疯话连篇，有时还学狗叫，同时暗中嘱咐儿子向朝廷请求回老家治病。朱元璋不是好糊弄的，他命人暗中监视。探子见他在墙边吃狗屎，回来禀告，朱元璋终于相信袁凯真疯了，就同意他辞官回归故里。

其实，袁凯吃的并不是真的狗屎，他知道朱元璋要派人来查探，就提前准备了一些点心，捏成狗粪的模样撒在墙边。袁凯的做法虽然龌龊，但是毕竟保住了性命，仍不失为一种妙计。

我们每个人都必须明确一点，选择一切方法来维护正义性的自利，讲究的是全面维护，不仅是维护自己的名利，而且要维护自己的良心及集体的名利，不仅是维护一时一地的自利，而且要维护长远而普遍的自利。

聪明人会兼顾个人和社会，既达到自保自利的目的，又没有突破不可逾越的底线，没有给自己带来可怕的副作用。这几年，有本《芝麻官悟语》风行一时。这本书主要是作者王敬瑞在区县任职时的感悟，他在书中提出许多不合乎正统观念却又合情合理的奇特观点，例如做人做事应该“画个圈”“压住边儿”。“画个圈”就是什么事能办，什么事不能办；什么人能用，什么人不能用；什么友能交，什么友不能交……首先要画个圈，泾渭分明。“压住边儿”就是占据两种圈的交界线而不越出。压边儿不为过，乒乓球的擦边球、网球的压线球都是好球。打这种球最难，但效果很好，凡擦边而办的事多令人感激，凡擦边而用的人多令人感恩，凡擦边而交的友多令人感动。但原则是绝对不能进入另外一个圈，否则就容易出问题，把自己赔进去。

王敬瑞的压边儿不过边儿，非常巧妙，抓住了选择一切方法这一原则的精髓。压边儿就是选择一切手段，越边儿就是不择手段，对错就在一线间，可谓差之毫厘，谬以千里。

说起打擦边球，曾国藩很是擅长。他小时候认过一位干爹，但做官后一直没再联系过。他当上两江总督后，有一天干爹忽然找到他。原来干爹的农田被一个大恶霸占去了一块，干爹去告状，却受到县官奚落，当然，县官并不知道他是曾国藩的干爹。无奈之下，干爹千里迢迢从湖南赶赴南京，请求他写一个条子递给县官。

曾国藩左右为难。一方面，这是地方官员欺压百姓，干爹明显占理；另一方面，曾国藩一向自诩廉正，从不干扰下面的官员判案，何况湖南并不在他的管辖范围内。该怎么办？他想出了一个压边儿不过边儿的妙计。

几天后，曾国藩请干爹出席一个晚宴，客人都是显赫的高官。曾国藩请干爹坐到上座，并拿出一把扇子，郑重签上自己的姓名，再请其他官员也都签上名，然后送给干爹，耳语几句。

干爹美滋滋地回到老家，又去击鼓喊冤，到了大堂上，拿出扇子扇起来。县官痛斥他蔑视官员，干爹不慌不忙地说："这是我干儿子送给我的，请你看看签名。"县官拿过扇子本想一撕解气，却发现上面签的尽是朝廷要员的名字，都比自己的官大好几级，顿时瞠目结舌，接着赶紧退堂。县官毕恭毕敬地将老人家迎入后堂，仔细询问情况，然后宣判他胜诉。有意思的是，县官还用轿子把老人家给送回去了。

曾国藩为人处世非常廉正，但并非顽固不化。他既没有违背自己不干预地方官员判案的原则，也没有完全拒绝干爹，而是不留痕迹地帮助干爹解决了难题。那个县令也是识时务的聪明人，知道如果不给曾国藩面子，以后他会抓住机会重重地惩罚自己。

有些人颇为欣赏不择手段，认为它就是选择一切方法，其实，它们并不一样。不择手段本质上是过分地选择一切方法，只求目的得逞不论效益好坏，只追求个人的名利，不维护社会利益，比如大肆偷窃、抢劫、欺骗，这必然会受到社会的唾弃和打击。

总的来说，选择一切方法必须因人、因事、因时、因地制宜，只有适合的方法才是正确的方法，只有正确的方法才是真正美好的方法。选择的方法是否正确，不在于方法本身的好坏，也不在于事情的好坏，而在于方法和事情是否完美匹配，最终是否获得了最佳效益，是否维护了正当的自利。借用数学的概念来说，事情就是纵坐标，方法就是横坐标，二者的完美搭配就是穿过原点的正比例函数y=x，其他搭配都是偏颇的、错误的。

聪明人选择方法的原则是：在掌握具体情况之前考虑一切方法，不管某些方法多么臭名昭著；在掌握实际情况之后只选择一个最佳的方法，不管其他方法多么美名远扬。因为，在事情不明确时，任何一种方法都可能适用或者不适用，不可先入为主地排除或采用；而在弄清楚事情后，当然只有一种方法能够获得最佳效益。

需要提醒大家的是，虽然在理论上各种方法都可以使用，但是它们在应用范围和频率上存在明显区别。道德上处于一般程度的方法适用于普遍与多数情况，而非常道德的方法和非道德方法仅仅适用于特殊的少数情况。当情况和效益十分清楚后，我们要严格选择相应的方法，该用道德的就果断地用道德的，该用非道德的就大胆地用非道德的。如果情况和效益比较模糊，我们要尽量选择道德的方法，而拒绝非道德的方法。

5 _自利的间接方法：克己利人

我们知道，在市场上买东西是等价交换，得到的是双赢的效果。例如买食物，虽然是公平买卖，看似不亏不赚，但是我们买到并吃掉食物后就可以生存，这是那些钱本身所无法办到的，岂不是大赚特赚？

其实，基于共同的自保、自利的人性，人们绝大多数交际也都是等价交换，以便获得双赢。这是因为，交际双方都是自保、自利的，都想从交际中为自己捞到最大的好处，双方博弈的结果自然是公平交换，他人给予自己多少价值，自己就会回报多少价值。只有这样，才会让对方满意，对方的反馈才会顺从自己的意愿，顺利结束交际。否则，感觉太吃亏的一方会不断报复对方，感觉太沾光的一方会不断回报对方，直到双方基本达到平衡。

即使非常无私的人也是自利的，希望自己的爱护和奉献能得到相等的回报。例如，赠送给经济困难者一万块钱后，对方一句真诚的感谢就会让捐赠者内心感到平衡，不算吃亏；如果对方只收钱不道谢，捐赠者内心就会感到别扭，感到自己的钱打了水漂儿，以后可能不愿再帮助他。另一方面，即使非常自私的人也希望自己能基本对得起对方，以免对方找自己的麻烦。

当然，由于各自情况的不同，在许多时候交际双方的实际投入并不相同，但这样不会破坏交际的公平，反而恰恰保证了交际公平。例如，穷人送给阔亲戚一些礼物，阔亲戚必须回赠更值钱的礼物才合适，才显得情意相当，否则就显得自己吝啬。

礼尚往来的故事在社会上并不少见。在美国，有一天大雨倾盆而至，一位衣着普通的老妇人躲进费城百货商店避雨。所有的售货员都对她视而不见，只有一个名叫菲利的年轻服务员从远处走过来热情地招呼：“夫人，我能为您做点儿什么吗？”老妇人说：“不用了，我在这里躲会儿雨，很快就走。”大雨持续不停，老妇人停留了很久，不买人家的东西，却占用人家的地盘，她不好意思起来。于是，她开始四处转，想买点儿什么。

这时，菲利又走过来说：“夫人，您不必为难，我给您搬了把椅子，放在门口，您坐着休息就是了。”老妇人十分感动，连声道谢。两个小时后雨过天晴，老妇人向菲利要了张名片就走了。

几个月后，费城百货公司的总经理收到一封信，信中要求他将菲利派往苏格兰收取一份装潢整个城堡的订单。

原来，这封信来自那位避雨的老妇人，而她正是美国钢铁大王卡内基的母亲。从此，菲利依靠卡内基开始飞黄腾达。

菲利只用了一把椅子，就走上众人梦寐以求的成功之路，可说是奇迹。看起来双方交换的绝对价值相差巨大，但在本质上也算是一种公平交换，相对价值还是大体相等的。在卡内基母亲眼里，一份大订单只是小小的代价，等同于菲利热情地搬一把椅子，给谁都可以；而且，自己比对方富有得多，如果只是回赠一个小礼品，就显得自己不够意思。这个案例启迪我们，和拥有巨大资源的大人物交往，可能会得到成倍的收获，用一个桃子换来无数李子，滴水之恩换来涌泉相报。

一些人会问，成功和谐的交际意味着双方等价交换，同时意味着最佳效益，不过最佳效益往往是收入大于支出，二者岂不是矛盾吗？双赢会存在吗？

其实，交际双方之间的等价交换是指彼此交换的整体价值相等，它不仅包括实际投入的东西之间的交换，而且包括双方力量的对峙。因此，对方给予自己的价值和自己给予对方的价值，并非自己的实际收入价值与支出价值，有的客观价值和主观价值本身并不参与实质交换，它要么派生出某种价值参与交换，要么像催化剂一样只影响交际而自身不会损耗。

例如，员工主动恭敬地问候领导，而领导微微点头予以回应，这种交际属于等价交换，可以带来双赢。领导拥有的权力优势会给予员工很大的刺激，令其毕恭毕敬，但权力不会送给员工，自己只付出平淡的问候，就得到对方恭敬的问候，自然赢利。员工用恭敬的问候给领导留下好印象，使其不会找自己的麻烦，也算相对赢利。

交换双方投入的不仅有精力、财力等硬能力，还有表情、语言等软能力，不同东西的交换使得双方体验不同。例如，贫穷者用恭敬的表情和语言来换取富裕者一定的财力帮助，双方都会感觉自己赚了，只是个人需求不同，赢利方式也不同。

有时候，双方交换性质和数量都相等的投入，看似不赔不赚，但是由于交换价值的时空或形式不同，会使各人都得到最大的好处，获得双赢。例如，甲乙两个人各自推着车子爬坡，结果都上不去。于是，他们合作，甲先付出一些力气帮助乙推车上坡，乙再付出一些力气帮助甲推车上坡，结果都成功了。

在人际交往中，我们遵循的是道德法则，表面上善良无私，实质上同样在利用等价交换的铁律。

我们人类之所以发明和使用道德法则，就是把它当作一种方法。由保障个人的利益，发展出爱护他人，进而交换到他人的爱护，这同样可以保障个人的利益。这个过程就是等价交换，投之以桃，报之以李。

值得强调的是，从自己和他人两方面同时衡量，善良博爱的道德法则可以归结为克己利人，严己宽人，即严于律己、宽以待人，就是针对同样的问题，尽量严格要求自己而宽松地要求他人，克制个人的自保、自私而突出无私。与之相对应的严己严人、宽己宽人属于自保，严人宽己属于自私。相比之下，严己宽人似乎是爱护他人而不爱护自己，有些人觉得，这不是吃亏吗？其实，这样不仅可以收获奉献带来的快乐，而且可以收获名利回报。因为人性都是自保、自利的，只有严于律己，宽以待人，给他人“额外”的好处，才会感动他人，笼络他人，以便在自己真正需要帮助时得到他人的帮助。

这在多数情况下的确有利。例如，在处理困难问题上，要求自己尽量独立解决，同时允许别人不独立解决，而且自己尽量帮助别人解决。你自立，不打扰人，却帮助他人，大家会对你产生双倍的好感，而为了继续得到你的帮助，就会多多回报你。

李嘉诚宣扬过一个秘诀：“有钱大家赚，利润大家分享，这样才有人愿意合作。假如拿10%的股份是公平的，拿11%也可以，那么你只拿9%，就会财源滚滚来。”这就如同做买卖的薄利多销，当你超量给予别人的时候，实际上也是你更加超量得到的时候。

进一步说，我们的道德围绕“美、真、善”三个问题，形成了三大对法则：求己美而容人丑、求己真而容人假、求己善而容人恶。最后一对法则具体包括四小对法则：自谦而尊人、自立而助人、拒己恩而报人恩、律己恶而恕人恶。

严己宽人属于一种战略性等价交换，先利人后利己，先害己后利己，先吃亏后沾光，我为人人，人人为我。所以，对立方法导致统一效果，爱人如爱己，害人是害己，自谦如自尊，尊人即尊己，助人是助己，律己为护己，恕人乃恕己。

6 _一把钥匙开一把锁

面对不同的对象或者说不同种类的事情，其价值区分明显，大家都非常清楚要用不同的方法，例如当别人称赞自己时要感谢，当别人辱骂自己时要反击。但是，为人处世的真正考验在于，针对同一对象的不同条件必须采取不同的方法。例如，别人的称赞，有时是发自真心的，有时是别有企图的，需要区别对待，不可都乐呵呵地感谢。诚如俗话所说，一把钥匙开一把锁，没有万能的钥匙。

对象相同的同类事情因为条件不同而需要采取不同的方法，这容易导致人们迷茫和犯错，不过这恰恰说明这是为人处世的麻烦与关键所在。

我们知道，一件事情由对象、他人、自我和环境四大基本因素构成。现在我们把对象拆分为对象性质和对象程度，对象性质标志着一件事情的种类，在这类事情的各种情况中没有变化，而对象程度有许多变化。所以，我们把对象性质独立，把对象程度转入条件的范畴。因此，条件价值=对象程度+对方对自己的价值－自己对对方的价值+环境价值。显然，一件事情价值的绝对数量由对象性质和条件价值共同决定，而它的变化数量则单独取决于条件层次的变化。

如何划分条件和方法的层次呢？首先把经常发生的情况单独摘取出来，称为一般条件；其次，把剩余的情况一分为二，其价值大于一般条件的称为超常条件，其价值小于一般条件的称为反常条件。一般条件下适用的方法称为一般方法，超常条件下适用超常方法，反常条件下适用反常方法。需要指出，个别条件由一些超常因素和反常因素构成，两者抵消之后，实际价值等于一般条件的价值，也适用一般方法。

必须强调的是，实际条件的状况远远多于三层，实际方法同样多于三层，无论如何，条件和方法的层次都要匹配。只有如此，才是正确适宜的，效益才会最大，否则就导致错误偏颇。条件和方法的具体组合如下所示：

一般条件→一般方法→正确适宜

一般条件→反常方法→错误偏颇

一般条件→超常方法→错误偏颇

超常条件→超常方法→正确适宜

超常条件→一般方法→错误偏颇

超常条件→反常方法→错误偏颇

反常条件→反常方法→正确适宜

反常条件→超常方法→错误偏颇

反常条件→一般方法→错误偏颇

在现实生活中，如何解决实际问题呢？首先要注意针对的是什么对象，其次要注意根据的是什么条件，最后衡量事情的价值。也就是说，针对某种对象，根据某种条件，基于某种价值，我们采取某种方法。

某类事情的三层条件和三层方法的适宜搭配如下所示：

某类对象+一般条件=一般的事情价值→一般反应态度

某类对象+超常条件=更大的事情价值→超常反应态度

某类对象+反常条件=较小的事情价值→反常反应态度

例如，面对他人的帮助，处在一般条件下，意味着一般程度的帮助，因此我们要稍加感谢；超常条件下，意味着重大帮助，因此要郑重感谢；反常条件下，意味着很小的帮助，因此可以不感谢。

举例来说，假如有个富翁扬言：谁愿意让我当众骂一顿，我会付给他十块钱。大家会觉得，金钱怎么能和尊严相提并论呢，如果自己接受会被人鄙视，这是赔本买卖，所以一致嗤之以鼻。富翁再扬言：我付一万块。这时，会有人盘算金钱和尊严哪个更重要。富翁最后扬言：我付一百万元。大家听后一哄而上，争着挨骂，这是占便宜的生意，放弃就显得呆板。

再如，大家给一个遭受大难的同事捐款，心里会盘算：让我捐一万元，我会舍不得；让我捐一千元，我会考虑，毕竟他是我熟悉的同事，看到他受罪自己内心也难受；如果捐一百块就能救他的命，我再不捐款，我还算人吗?

美国著名作家马克·吐温有一次在教堂听牧师演讲。开始，他觉得牧师讲得很好，声情并茂，有理有据，自己很感动，打算多捐一些钱。过了半小时，牧师还没有结束，而且内容反复，陈旧无聊，马克·吐温有些坐不住了，决定只捐一些零钱。又过了半小时，牧师更加絮絮叨叨，于是马克·吐温决定一分钱也不捐。终于，牧师结束了冗长的演讲，开始募捐，马克·吐温不仅未捐款，还从盘子里偷了两美元，以泄私愤。马克·吐温的做法看起来荒唐，实际上合乎情理，我们都是根据自己所得价值的变化而改变态度的。

值得强调的是，我们不仅要注意反应方法的种类与条件搭配，还要注意反应方法的程度与条件搭配。如果该用三分程度就用三分程度，这叫恰到好处；该用三分用一分，就欠妥；该用三分而用五分，就是过火。诚如孔子所言，过犹不及，它们都是错误偏颇的。

日本历史上的名将石田三成在成名前曾在观音寺谋生。有一次，时任长滨城城主的丰臣秀吉外出打猎，口渴至该寺喝茶。石田认出他是城主后就细心接待，先奉上一大碗温茶，再倒上一中碗稍热的茶。丰臣意犹未尽，他接着奉上一小碗热茶。

丰臣秀吉大惑不解，石田解释道：“这第一碗温茶为的是解渴，所以温度较低，量也大；一碗过后基本上不会太渴了，所以第二碗温度稍高，量也稍减，稍带有品尝之意；第三碗则纯为品尝，所以奉上小碗的热茶。”丰臣秀吉被石田三成的体贴和精细头脑深深打动，于是收于麾下，使其终成一代名将。

可见，针对不同种类的事情，通常要采取不同种类的方法；针对相同种类的事情，要采取相同种类的方法；针对种类相同而层次不同的事情，要采取种类相同而层次不同的方法，只有这样匹配才是正确的、适宜的。

7 _打一巴掌，再给个甜枣

我们以上所讲有一个共同的特点：事情各种价值的矛盾可以协调，它们能够相互压制或融合，事情整体价值的性质非常单纯，要么是有利压倒有害带来正面的有利结果，要么是有害压倒有利造成负面的有害结果，要么是有利和有害相互抵消形成无利无害的中性结果。

例如，一个人以前爱护过你，你很感激他，现在又侵犯了你，恩怨扯平，你既不喜欢他，也不憎恨他；或者恩德超过怨恨，你仍然感激他；或者怨恨压过恩德，你变得怨恨他。

如果一个人对你具有特殊的恩德和伤害，你对他爱恨交织，这就变成了另外一类事情——混杂类的事情，有利价值和有害价值的矛盾难以协调，无法融合抵消，同时存在着作用着，如同一锅夹生饭，生的熟的混杂在一起，吃不得丢不得。

相应地，针对混杂事情的方法也是混杂的，各种不同的方法交织在一起或先后交替地存在。混杂方法就是把正常、超常和反常三种方法混合在一起，简单来说，如下所示：

混杂事情=正常价值+超常价值+反常价值→道德+超道德+非道德=混杂方法

东汉顺帝时期，苏章任冀州刺史，奉旨查办老友清河郡太守贪污一事。苏章到达清河之后，立刻邀请太守，设宴款待。

太守知道苏章是来调查自己贪污的事情的，开始时忐忑不安。苏章一边喝酒一边诉说往日的友谊，情真意切，没有丝毫责备太守的意思。太守认为苏章肯定会偏袒自己，于是喜悦地说："人们都说民以食为天，而我却以老朋友为天，所以我就有两个天了，什么都不怕了。"

苏章知道太守的话另有他意，于是严肃地说："今天我以老朋友的身份和你开怀畅饮，一叙旧情，为的是报私恩；而明天我以冀州刺史的身份追查你贪污之事，为的是执行公务，两者界限分明，不可混淆。"太守一听酒意全消，冷汗直冒，恐慌离席。

第二天，苏章立即认真调查此案，最后证实老朋友确有贪污之事，毅然按照法律将其治罪，受到民众赞扬。

一旦双方发生矛盾和争执，并且势均力敌，就应相互妥协，各退一步。现在很多人当了老板和领导，为管理那些既有个性又有大才的人很是头疼。用人都想用能人，不过这类人都容易有一些毛病，正所谓"智者多诈，勇者多怒"。要使人才真正地发挥作用，就必须一手拿着胡萝卜，一手拿着大棒，恩威并施，刚柔相济，既怀之以德，又严之以法，使他们扬长避短，各尽其用，则效果奇佳。

请看曾国藩是怎样驯服刘铭传和陈国瑞的。刘铭传和陈国瑞都是有名的大将，个性也都非常突出，桀骜不驯。一次，陈国瑞贪恋刘铭传军队中的洋枪洋炮，竟然公开抢劫，双方厮杀起来，各有损伤。两个人便在曾国藩面前打起了官司。

聪明如曾国藩对此也很为难，处理起来深不得浅不得，浅则无济于事，因为两个人都很顽固骄横；深则影响二人对自己的感情，于己不利，而自己今后还要依靠他们作战。思虑再三，决定对两人各打一棒子再给个甜枣，这才是万全之策。

于是，曾国藩召见刘铭传，进行严厉的斥责，嘴上说得狠，手上却做得软，不予追究，既让他心生畏惧，又心生感恩，不生怨气。这一招果然管用，刘铭传心服口服外加佩服。不久，曾国藩就调他独自赴皖北围剿捻军，以免再和陈国瑞起摩擦。

对于陈国瑞，曾国藩更加不客气，首先极其严厉地历数他的暴行，痛斥其骄纵蛮横，并且表示如果以后胆敢再犯，就会上告皇帝撤职查办，决不宽恕。看到陈国瑞灰心丧气，曾国藩突然话锋一转，表扬起他来，说他很勇敢，不好色，不贪财，因此大有前途，千万不要莽撞行事而自毁前程。陈国瑞又振奋起来，表示绝对服从曾国藩的教导。

曾国藩对二将恩威并施，给了我们很好的启示，对待一些特殊人物的态度不能非软即硬，非硬即软，可以又硬又软，来个二合一。

为人处世不简单，我们要正义做人精明处世，应该永远坚持正义性的自利立场，即主要为自己，其次为他人而活着，但是处世方法应该精明，应该尽量行善而不绝对行善。处理每件事情，必须考虑到各方面的因素，审时度势，权衡利弊，切忌僵硬机械，拘泥呆板，既不要死抱着一个教条不放，也不能随心所欲为所欲为，一切行为都必须服从效益总则。

以上几节讲述了最高效益总则的来源和内容，下面将讲述最高效益总则的实际运用。需要说明的是，具体的做人法则虽然很多，但并非一盘散沙，而是都受最高效益总则的支配和统辖。系统来说，做人法则有五个层次：第一级是最高效益总则；第二级是调查、决策、执行等基本法则；第三级是知己知彼等具体的调查法则、两利相较取其大等具体的决策法则和美观、善良、真诚等具体的执行法则；第四个等级是由善良等衍生出的尊重人、谦虚等原则；最后就是具体技巧了，比如问候、握手等——这就是下面要讲的。

第二章

名言也“打盹儿”

1_圣人言的两面性
2_个人和环境，谁服从谁？
3_『地狱来的老板』乔布斯与老子的分歧
4_知彼知己，百战不殆？
5_变还是不变，这是个问题
6_同样的人，同样的事，同样的反应
7_己所不欲，勿施于人 vs 可施于人
8_我就是不给你好处
9_什么时候需要重视细节
10_中庸有理，极端也有理
11_不学李宗吾的书，只学李宗吾的人
12_谁说我糊涂
13_不是所有乞丐都是深藏不露的洪七公
14_出头鸟的今古际遇
15_潜规则：欲迎还拒

社会上流传着许多著名的做人法则，有的属于调查和决策法则，有的属于道德法则。不过，万事皆有例外，这些具体的法则也不是万能的，有时会失效甚至有害。对于一切具体的法则，我们必须坚持最高机制总则的指导，“唯利是图”，分层对待，该用就用，该抛弃就抛弃，不可一条道走到黑。

1 _圣人言的两面性

孔子曰：“君子有三畏：畏天命，畏大人，畏圣人之言。”意思是，君子会敬畏上天、大人物和圣人言论。在为人处世方面，我们中国人十分推崇圣人言。其实，圣人言虽然在道德上很高尚，但不是绝对正确的。如果不分情况一味痴迷圣人言，有时候不仅会损害自己的利益，还可能于社会有害。是否应该遵从圣人言，我们必须分层对待，不可盲目服从。

圣人之言大多是要求我们的言行符合道德的要求，因此处在一般条件下，我们要谨遵圣人教诲；处在超常条件下，更要坚定和积极地听从圣人的教诲；但是，在非常不利于自己的反常条件下，我们则要果断放弃圣人的教诲。

有些人痴迷道家的以柔克刚。其实，刚柔互克，而且多数时候刚必克柔。

有一个舌存齿亡的故事，说是常纵病重，老子去看他，问他还有什么教诲。常纵就张开嘴问：“舌头还在吗？”“在。”常纵又问：“牙齿还在吗？”“不在了。”意思是，舌头因为柔软而存在，牙齿因为坚硬而不存，因此为人处世更应该采取“柔”的方法。

如果我在现场，我肯定对常枞说：你的头发没有了，你的指甲还在；墓中的遗骸，血肉没有了，白骨还在；虽然说水滴石穿，但是并非每个水滴都可以做到。在社会上，受到打击更多更厉害的是弱者而非强者。如果我们受到别人严重或多次的侵犯，而且自己能力充足，就应该强硬反击。否则，一味逆来顺受，对方就会变本加厉地侵犯自己，自己也会被其他人看作软蛋，不利于自保，也让社会多了一个喜欢侵犯他人的人。

有些人痴迷儒家的仁义道德，觉得那是被世代帝王推崇的国学。其实，那些封建帝王表面上尊孔子为圣人，为的是钳制民众的思想，实际上只是略微实行孔子的仁义之道，而主要实行法家那一套严厉的治国之道。我们老百姓如果像孔圣人一样高尚，十分关心他人，而很少照顾自己，就会非常容易陷入穷困潦倒的境地。

就是孔子自己，对他所宣扬的克己复礼、仁者爱人那一套也不是绝对坚守。《墨子·非儒》记载，孔子和他的门徒在陈、蔡之间被围困，绝粮多天，有时连野菜也吃不上，许多门徒饿得站都站不起来，眼看就要饿死。

学生子路豪爽得近乎鲁莽，他不管三七二十一，弄来了一只小猪并煮熟，又用别人的衣服换来酒，都献给老师。孔子既不问肉的来路，拿起来就吃，也不问酒的来路，端起来就喝。

但是，等到鲁哀公为孔子接风洗尘时，孔子却显出正人君子的风度，席子摆不正不坐，熟肉割不正不吃。子路偷偷地问：“先生为什么与在陈、蔡时不一样了呢？”孔子认真地回答：“以前我那样做是为了偷生，今天我这样做是为了讲义呀！”

你看，这就是一代圣人的变通智慧！针对不同的事情采取不同的方法，甚至非道德的方法。真是做人莫效彼圣人，处世当学此孔丘！

2 _个人和环境，谁服从谁？

有句话很出名：个人应该适应环境。乍一听很有道理，其实这并非绝对的真理，需要辩证对待。

处在一般和超常条件下，个人的确要适应环境。如果你力量不大，而所处的环境力量强大，已经形成许多惯例，那你就不能破坏规矩，以免遭到众人的反对。例如，你刚刚进入一家企业工作，大家和你不熟悉，对你没感情，容易欺生，你就要低调，忍受一些人的轻视和刁难。再如，一个贫穷的人置身于一群富贵者之间，难免受到一些歧视，只要这种歧视不过分，就必须忍受，因为嫌贫爱富是人类天性，个人无法改变群体的心理。

拿破仑的父亲是一个破落的科西嘉贵族，很高傲，也很穷困。为了能让孩子出人头地，他把拿破仑送进了一所贵族军事学校。同学们都非常富有，看到拿破仑这么贫穷，吃的穿的用的都很差，就讽刺挖苦他。拿破仑内心非常愤怒，却没法反击，因为大家都这样，他不得不忍受大家的奚落。

后来实在受不了了，拿破仑写信给父亲：“我实在疲于解释我的贫困了，他们唯一高于我的便是金钱，至于说到高尚的思想，他们是远在我之下的。难道我应当在这些富有高傲的人之下一直谦卑下去吗？”

父亲回信，直截了当地说：“我们没有钱，但是你必须在那里读书。”拿破仑也知道，要想改变自己的命运，就必须在这里学习。因此，他默默忍受他们的嘲笑，不做无谓的辩解和反击，把全部精力用到学习上，终于以优异的成绩毕业，为以后的发展打下了坚实的基础。当他不断升官时，以前那些嘲笑他的同学纷纷低下头奉承他。

虽然在多数情况下，个人要尽量适应环境，但是也有个人不必适应环境的时候。如果你是强力的大人物，而环境非常糟糕，就要反其道而行之，要带领人们改变习惯，强迫环境适应自己。

现在张瑞敏领导的海尔举世闻名，但是它在20世纪80年代时却是一塌糊涂，亏损严重，人心浮动，纪律松弛。他回忆说：我上任后，欢迎我的是53份请调报告，上班8点钟来，9点钟就走人，10点钟时随便在大院里扔一个手榴弹也炸不死人。

面对这种糟糕的环境，张瑞敏没有像前任厂长那样适应、顺从，得过且过，而是大刀阔斧地改革、整治工厂。张瑞敏制定了13条规章制度，其中一条是“不准哄抢工厂物资”。为了执行这一条，张瑞敏使出一计。有一天，他让车间门窗全都大开着，布置人在周围暗中监视。不出他所料，第二天上午就有一人扛走一箱原料，而且大摇大摆，好像拿自家东西一样自然。张瑞敏毫不客气，中午就贴出布告开除此人。这一下子震动全厂，工人们这才相信，这个新厂长是动真格的了，顿时心生敬畏，都认真工作起来。可以说，如果张瑞敏惧怕得罪人，一味迁就工人，肯定不会有海尔日后的辉煌。

有一个笑话。一个老头儿带着孙子牵着一头驴赶路，遇到不少人。路人张三看到后说：“这俩人真傻，有驴不骑着走。”老头儿听了觉得对，就自己骑在驴上走。走了一段路，路人李四说：“这老头儿真自私，自己骑驴让小孩跟着走，会把小孩累坏的呀！”老头儿一听觉得也对，就下了驴，把孙子抱上去，自己走路。这样走了一会儿，路人王五说：“这老头儿真傻，俩人骑一头驴不就行了，非得自己牵着驴走不可。”老头儿一听也对，于是和孙子一起骑着驴走。又走了一会儿，碰到了路人赵六。他上去就把二人拦住了，大声责问：“你们怎么能如此虐待动物？一头小毛驴如何驮得动你们两个人？”老头儿觉得也对，就和孙子下了驴，但是思前想后，不知道该怎么走了，最后和孙子抬着驴走。无数人看到后大声嘲笑：“估计这两人是傻瓜吧？抬着驴走！”老头儿满脸无奈，孙子说：“爷爷，咱们干脆把驴扔掉再走吧。”

你看，这就是随便顺从他人的可笑下场。如何为人处世，自己必须有主见，不可任由他人摆布，他人往往是从其自身的角度出发看待你的事情，未必和你的立场一致，未必熟悉整个事情，因此他人意见只能参考而不能盲从。

3 _“地狱来的老板”乔布斯与老子的分歧

《老子》里面有一句名言：“水至清则无鱼，人至察则无徒。”可以理解为，水太清澈就没有鱼，人极端挑剔就没有同伙。水太清，没有藻类，自然也没有虾米，从而缺乏鱼生存的条件。一个人太挑剔，以完美的标准严格要求他人，自然没几个人可以达标，也就没有朋友，只能成为孤家寡人。这句名言告诉我们，要想在社会的海洋中畅游无阻，自身必须具备综合素质，“清澈”之中要夹杂一些“浑浊”，对待他人要包容，不可太挑剔。

但是，这句名言并非绝对真理，我们要分层对待。

处在一般和超常条件下，我们的确不能极端挑剔，要以包容的心态对待他人。包括你我在内，每个人都有大大小小的缺点，所谓“金无足赤，人无完人”。你挑剔别人有缺点，别人同样会挑剔你有缺点，至少挑剔本身就是一大缺点，不要乌鸦落到黑猪腚上只看到对方黑。孤芳自赏者必然被多数人疏远，难成大事；如果动辄嘲笑他人的缺点，还可能受到对方的报复，甚至引起众怒，难以自保。聪明人往往会包容他人，随和处世，不太在意他人的奇特和小错；即使内心反感，在表面上还是做出亲近的样子，这样自然能赢得许多人喜欢。

清末红顶商人胡雪岩用人之术极其高明，从不为世俗观念所束缚，能够“用人之长，容人之短，不求完人，但求能人”。

纨绔子弟刘不才嗜赌如命，以致输掉自家的大药店，被人们看作不可救药的败家子。但胡雪岩独具慧眼，看到了他的优点：无论赌得多狠，从不押上家传秘方，可见还想振兴家业；不管怎么吃喝嫖赌，绝不抽大烟，可见尚未自甘堕落。凭着这两点，胡雪岩认为刘不才还有力量做点事业。

刘不才堪称赌王，可以自如控制赌博场面。在胡雪岩授意下，刘不才在赌场上结交达官阔少，不露破绽地故意输给他们许多钱。通过刘不才牵线搭桥，胡雪岩结识了上海巨富庞二等许多难以结交的朋友。

胡雪岩重用刘不才，看中的是他的特殊才能，但并没有忽视他的品德，只是对他的品德要求集中在对自己的事业有影响的方面，其他方面不管不顾，爱怎的怎的。可见，胡雪岩的容人之短，并非随便，而是有所选择，容忍那种不会给他带来损害的短处，这就显得务实而高明，令人不得不服。

处在反常条件下，我们可以挑剔他人，甚至极端挑剔。如果你各方面都非常优秀，那你可以看低多数人。例如，一个皇帝可以轻视千万百姓，百姓也认为天经地义，至少敢怒不敢言。如果处在严酷的大环境下，也可以苛刻地要求别人，以便激发出最大潜能赢得成功。这种“至察”会得到大家的理解、认可甚至拥护。

乔布斯对产品完美的追求达到了十分极端的地步，而且自负倔强，严格要求员工服从自己的意愿，否则就破口大骂，甚至炒鱿鱼。很多在苹果工作过的员工都受过乔布斯的辱骂和恐吓。他们对乔布斯都有一种恐惧感，甚至不敢和他同乘一部电梯，生怕哪一点不合他的口味，没出电梯自己就已经被解雇了。员工称粗暴的乔布斯为“恐怖分子”或者“地狱来的老板”。

但是，恰恰是这个“地狱来的老板”让苹果公司起死回生，并且荣登市值世界第一的宝座。这是因为，乔布斯那些苛刻要求看似很过分，其实都符合消费者内心深处的需求；看似不可能完成，最终都能完成。另外，恐惧比快乐更有效，受到他人逼迫比受到他人尊敬更能激发潜力，乔布斯粗暴强硬的管理把员工们的潜能完全挖掘了出来，开发出一系列顶尖产品，迷倒大众，以致有些年轻人为购买苹果手机而卖肾。

在激烈的市场竞争和巨大的成功面前，苹果公司员工虽然对乔布斯有一些抱怨，但更多的是理解和崇拜。乔布斯不仅“至察有徒”，而且有很多，不可不说是奇迹，这也再次印证一个真理：效益第一，其他靠后站。

极端的严格，尤其适用于身处高位的人，比如官员。新加坡前总理李光耀就因为极度廉政而备受拥戴。

郑章远是新加坡开国元老，也是李光耀的密友，他曾担任主管国家建设与发展的部长。在被指控受贿50万新元之后，他向李光耀可怜巴巴地求情，但李光耀一口回绝，不徇私情。郑章远最终选择了自杀。更能说明李光耀苛刻无情的是，郑章远的遗孀提出，看在他以往功绩的面子上，不要再验尸了，免得难堪。但李光耀回答，只有医生能证明他的死亡，所以必须验尸。

新加坡的快速发展，与李光耀严格的廉政不无关系。这符合整个社会的期望，毕竟现在是民主社会，官员这种“水”至清，则人民这种“鱼”才能生存。因此，“至察”的李光耀成为备受拥戴的政治家，享誉全世界。

4 _知彼知己，百战不殆?

《孙子兵法》曰：“知彼知己，百战不殆。”人际交往同样适用这个法则，套用一下就是“知彼知己，百交不殆”。交往之前，人们应该了解自己和他人的力量，这样就能选择正确适宜的对策，对症下药，往往能取得成功。不过，这也并非绝对正确。

处在一般和超常条件下，知彼知己确实可以百战不殆。

朱元璋占领南京后，想要成就帝业，最大的威胁来自西面的陈友谅和东面的张士诚。当时多数将领的想法是，先灭掉力量比较弱的张士诚，夺取他处于长江三角洲的富饶土地，再攻打势力强大的陈友谅。

军师刘伯温却力排众议。他对朱元璋说：张士诚不仅地盘小，志向更小，暗中反元，表面降元，只想保住自己的地盘，没有扩张的打算，不足为患。可是陈友谅截然相反。他地盘大，野心更大，想夺取整个天下，自然打算消灭我们。现在，如果我们先打张士诚，陈友谅定会乘虚攻我，我们腹背受敌，很难承受；相反，如果先攻打陈友谅，张士诚则不敢轻举妄动，那时我们只有一个敌人。相较之下，我们先打陈友谅最有利。

朱元璋担心地说：陈友谅地盘大，兵员多，势力强。

刘伯温分析道：陈友谅的实力确实在您之上。但是，陈友谅杀害他原来的君主徐寿辉，胁迫部下，人心不服。而且此人有勇无谋，不善于驾驭部下和指挥作战。开战之后，他也许暂时占上风，但是时间一长必然被我们抓住破绽击败。打败陈友谅，天下就拿到一半了。

朱元璋听了刘伯温这番精辟的分析，心里豁然开朗，击掌叫好，后来果然成功。

但是，处在反常条件下，即使知彼知己，也难以百战不殆，反而很可能失败，毕竟知彼知己和百战不殆不能直接画等号。

有时候知道真相，但是没有制定好对策，或者受到客观因素制约而无法执行对策，同样会失败。有时候，双方实力悬殊，就算强者把底牌都亮出来，弱者也无法获胜。

举一个简单的例子。邓亚萍是世界乒乓球历史上最伟大的女子选手，被誉为“乒乓皇后”。她1988年进入国家队，先后18次获得世界冠军头衔，连续8年排名世界第一，是第一位蝉联奥运会乒乓球金牌的运动员，曾获得4枚奥运会金牌。

她的打球特点世人皆知，完全被对手掌握，就是依靠闪电般的速度和强悍的霸气取胜，但是自从成名后她从未在大赛上失败，因为对手缺乏取胜的实力。

韩国著名运动员玄静和说过：“我在运动员时期也充满了自信，但一遇到邓亚萍，就会萌生‘真的打不过她’的想法，对别人从来没有产生过那种感觉。”“邓亚萍在对面瞪着我，我不自觉地就感到心虚。她具备了能够压制对方的特殊能力。”

其实，决定成败的最重要的因素是实力，实力强大不仅百战不殆而且百战百胜。凭借超群的实力，即使你不了解对方，也能承受对方的攻击，随后用实力击败对方。我们中国人总是喜欢耍心眼，讲计谋，不甘心下苦功培养实力，自以为大祸临头时动动小脑筋就能摆平。这种小聪明实际上是大愚蠢，因为任何计谋本身都是空虚的，都要依靠实力的支撑发挥作用，缺乏实力支撑的计谋不过是空中楼阁，中看不中用。中国自古至今的谋略不可谓不多，可惜现在我们仍然不能在国际上扬眉吐气，实力缺乏使然也。

值得强调的是，有时候，人们只是部分地或者表面上知彼知己，一方面真实地知道别人做了什么事，一方面机械地把行为当作目的，从而把假象当作真相，产生误解。

一次，孔子的学生颜回在煮粥时，发现有肮脏的东西掉进锅里去了，他连忙用汤匙把它捞起来。倒掉吧，粮食来之不易，这样扔掉太糟蹋东西了，于是颜回把它吃了。刚巧孔子看见了这一幕，以为他在偷食，便旁敲侧击。颜回加以解释后，孔子很感慨地说："亲眼看见的事情也不一定可信啊！"

其实，眼见即为实，但要进一步得出结论就需要结合其他材料，尤其是对方一贯的言行，不能单靠眼前所见一事轻易下结论。如果某人平时一贯表现良好，那么偶尔有不好的行为就很可能因为有特殊的因素，而且效果可能还是好的。

在我们的生活中，有时会碰到有违常理的事情，一定要认清行为背后的真实动机，三思而后行，以免发生误会。有时别人说话不方便，就会说一些含糊不清或者反常的话，做一些激烈的举动，这时就要仔细分析，听懂话中话，把握他的真实意思。例如，下班之后，你好不容易挤上公交车，在售票员注视下刷完卡，就要走到车中间，售票员突然朝你大声说："你的卡没刷上，没声音啊！"你心中充满怨气，反唇相讥，再次拎包刷卡向其证明，实际上这时你已经把包拉离了小偷的下手范围，表面蛮横无理的售票员其实是菩萨心肠。还有些售票员发现小偷行窃就会叫嚷着"前面的乘客买票"走过去，故意撞一下乘客或小偷。有些乘客暗骂售票员没素质，其实他是帮你呢，素质高得很。这种特殊情况当然比较少见，但是影响不小，我们必须加倍重视，这样才能认清他人的本意，避免误会。

5 _变还是不变，这是个问题

许多人坚信，以变制变就是总领一切的真理。其实，这不过是做人最高机制总则的粗略形式，虽然二者差不多，但不一致。最高机制总则的实质是因效制宜，根据不同的效益选择不同的方法。事情在形式上发生变化，未必会导致效益发生变化，因此，以变制变不是绝对适用的，同样需要分层对待。

处在一般条件下，一个或几个因素发生改变，整个事情的价值就会发生较大的变化，我们的确应该以变制变。处在超常条件下，因素发生剧烈变化，甚至会导致事情的价值性质发生正反颠倒，以前正确的方法在新情况下变得错误有害，必须抛弃；以前错误的方法在新情况下可能正确，要考虑采用。

联想集团在发展过程中，像其他中国公司一样，也遇到过人情面子的问题。创始人柳传志根据不同情况采取不同措施，而不是一根筋地拒绝或迁就。

20世纪90年代，在联想工作是许多人梦寐以求的。近水楼台先得月，联想的创业者多数是中科院计算所的人，这些人的子女很多也是学计算机的，因此职工们想让自己的子女进入公司。经过全面考虑，柳传志最后下令：禁止员工子女进入公司。原因在于，父母和子女在同一家公司里，再加上子女之间可能联姻，人事关系变得错综复杂，不便于管理，会影响企业发展。

柳传志还遇到一种棘手的情况——有一些关系户推荐他们的子女或亲朋故旧到联想工作。如果像拒绝员工子女那样一概拒收，难免会影响企业发展，但也不能随便接受，怎么办？为此，柳传志专门规定：关系户子女首先要通过笔试，并需要三个副总裁同时签字认可，方能进入公司。这么做就提高了门槛，以免录用不合格的人，并防止内部假公济私。

如果公司的领导班子成员之间出现矛盾怎么办？柳传志也有明确而灵活的规定。例如，如果一把手和二把手发生非原则纠纷，会坚决地将二把手调离。同时，对于一把手也有一定的制约，如果第二次还是跟二把手有纠纷，或者被调走的二把手在另一个地方表现得很好，那么就可能意味着这个一把手本人有问题，对其要仔细考察，他会面临被调离撤职的风险。

柳传志不愧为大企业家，深谙管理的艺术，以不同方法处理不同问题，都收到很好的效果。

当然，以变应变并非绝对真理。处在反常条件下，我们还得外甥打灯笼——照舅（照旧）；否则，机械地改变方法，会适得其反。

有时候，两个或多个因素都发生了变化，但它们带来的价值改变相互抵消了，整个事情的价值就没有变化，就要因循守旧。例如，你十分憎恨一个人，很想教训他一顿，无奈对方很强大，自己没有胜算，就一直忍耐。后来，你找到几个人帮忙，打算去教训他，但这时发现，对方也找到几个人帮忙，自己仍然没有胜算，不得已只能继续忍耐。

有时候，一些因素的价值的确发生了变化，但是情况的总体价值只发生极小的变化，就不值得破旧立新。

西汉惠帝二年，萧何死了，曹参继任相国，他完全遵守萧何制定的法规，不予更改。例如，任用那些呆板、言语钝拙但忠厚的长者做官，斥退那些说话雕琢、严酷苛刻、竭力追求名声的官吏。一些官吏想找曹参探讨朝政，曹参就招呼大家饮酒，避免议论朝政。

汉惠帝看到曹丞相经常请人喝酒聊天，好像不用心治理国家，感到很纳闷，就找来曹参询问其中缘故。曹参不慌不忙，问道：“请陛下考虑一下，您跟先帝相比，谁更贤明呢？”惠帝回答：“我怎么敢和先帝相提并论呢？”曹参又问：“陛下看我的德才跟萧何相国相比，谁更好呢？”汉惠帝说：“你好像不如萧相国。”曹参说：“陛下说得非常正确。既然我们不如先帝前相，当然制定不出更好的法规来。现在陛下是继承守业，而不是在创业。既然实践证明先帝前相制定的法规卓有成效，我们当然要照办，不必改动。”汉惠帝听后深表赞同。

我们知道，自从秦始皇发动统一战争，直到汉朝建立，神州大地连年烽火，不打仗的几年又遭遇秦朝的苛政，老百姓苦不堪言。刘邦和萧何因此制定休养生息的政策，轻徭役薄税赋，选官也是宁选忠厚而迟钝者，也不选聪明而狡诈者，以免官民失和，社会动荡，社会因此逐渐安定。萧何死后，国家的情况有所好转，但没有发生根本的改变，所以仍然需要遵守休养生息的政策，不需改弦易辙。到几十年之后的汉武帝时期，国力大盛，才改变以往的政策，对内加重税赋，对外反击，迎来一个强盛的时代。

有时候，事情变化的只是形式，没有发生本质变化，也不能改变应对的方法和原则。

北宋时期，苏轼和王安石同朝为官，虽然二人政见不合，但是因为文学而结成好友，私交不错。王安石为相时，苏轼和他在私下谈文学，来往密切。当王安石下台后，原来经常登门拜访的许多人都作鸟兽散，门庭一下子变得冷冷清清，只有苏轼依然像以前一样登门看望，令王安石大为感动，二人的情谊更加深厚。苏轼结交王安石是因为文学，并非因为权势，所以无论王安石是否下台，苏轼都会和他来往。

有个笑话。有一对父子，每天都要赶牛车下山卖柴，以维持生计。山路弯弯曲曲不好走，老父驾车，儿子看路，总是在要转弯时喊：“爹，转弯啦！”老父就操纵牛转弯。有一天，父亲因病无法下山，儿子只能独自驾车，不料这次到了弯道，牛怎么也不肯转弯。儿子下车又推又拉，甚至用青草引诱它，牛依旧一动不动。儿子想起以前的做法，若有所悟，看看周围无人，就红着脸大声叫道：“爹，转弯啦！”牛应声而动，顺利下山。原来，牛已经形成条件反射，听到这声喊才会转弯，儿子只好对着牛继续喊爹了，令人哭笑不得。

由上可见，在反常条件下，以不变应万变才是上好适当的计策。

6 _同样的人，同样的事，同样的反应

因人而异既指同一个人面对不同的人和事采取不同的方法，又指不同的人面对同一种情况采取不同的方法。许多人对此津津乐道，甚至用它做挡箭牌，为自己的奇特行为开脱。其实，因人而异的法则很多时候并不适用。

处在一般条件下，面对共同的一般对象，不同的人应该选择共同的反应方法。

很多人具有基本相同甚至绝大部分相同的力量，因此面对共同的对象会采取相同的反应。例如，碰到陌生人问路，大家都会指明方向；碰到同事，大家都会热情招呼；碰到亲朋好友，无论小民还是大官都会亲热招待。蹊跷的是，有的人一当上某著名大学的校长，就把孝敬父母当作特别优异的事情来炫耀。殊不知，大学校长也是人，是人就该孝敬父母，拿一件本分的事情进行炫耀，容易引起大家遐想：难道他真的没有其他优秀的事情了？

面对大家普遍遵守的社会规则，即使大官也要遵守，大官在这里和普通人一样，没有特权，所谓规则面前人人平等。

2012年7月上旬有这么一条新闻。英国首相卡梅伦来到一家咖啡馆，这时里面有许多人在排队。卡梅伦径直走到柜台前，告诉服务员买一杯咖啡，但女服务员没有认出首相大人，警告他不要插队。卡梅伦说声“非常抱歉”，就乖乖地到后面排队等候。

后来，卡梅伦的助手从隔壁商店给他买来咖啡，卡梅伦拿着咖啡在路边喝。这时，人们纷纷认出了首相大人。卡梅伦又走进这家咖啡馆，与人们交谈。女服务员见他带着别家的饮料进店，就又说了一通难听的。对此，卡梅伦没有生气，反而走过去与她高兴地握手并道歉。

卡梅伦贵为一国首相，不摆架子，像普通人一样遵守规则，而且遭受指责并不恼怒，值得我们尊敬。

处在超常条件下，不同的人更要采取非常一致的措施。

即使差距很大的人，如果共同面对能带来极端利害的客观对象，还是会有相同的反应。例如，碰到大地震，大家都希望能活下去，因此淑女也会像野兽一样疯狂逃命，不再顾及形象。再如，公司大经理和小员工见到老板都要毕恭毕敬，因为都是老板的下属。

现在的年轻人都富有个性，都想显示与众不同，但是进入公司或其他单位工作，不管你有什么背景和经历，都只是一个员工，因此必须老老实实、规规矩矩地和其他人一样遵守单位的规章制度。

面对国家法律，不管小乞丐还是大官员，都一样要遵守，尤其是涉及命案时。一些“官二代”“富二代”缺乏教养，依仗自己力量强大，就飞扬跋扈，不可一世，十分嚣张。老实说，强势人物动辄骂人打人，作些小恶，可能也没什么苦果，因为多数人害怕，不敢反抗。但是，当你伤及他人的生命，再懦弱的人也会拼命报仇，再冷漠的群众也会义愤填膺，再想偏袒的法官也会收拾你。因为人命大于天，别人的钱财也许少于你，但是生命和你一样珍贵。

一个官员的儿子，明明知道在大学校园里不应高速开车，却横冲直撞，结果撞得两位学生一死一伤。此时，他不停车施救，反而妄图逃跑，遭到阻拦时竟然还摆出公子哥的架势，抬出老爸的名头，叫嚣“我爸是李×”，导致群情激愤，合力把他拦下。因为一句“我爸是李×”，这个撞人事件轰动网络和全国，引来无数口诛笔伐，也许可以大事化小、悄悄摆平的事情最终演变成惊天大案，肇事者落得个锒铛入狱。还有个别“官二代”，把人家撞倒了，只因为认为农村人难缠，就不去救助反而抽刀捅死对方，惹得天怒人怨，最终免不了被判处死刑。

面对极端的事情，无论你是乞丐的儿子，还是领导的儿子，无论你是平民穷人还是高官大款，都没什么区别，不过都是一个人而已，该收敛时必须收敛，该低头时必须低头。否则，你早晚会好运到头，厄运当头。

当然，因人而异也不是毫无道理。有句俗话说“甲之蜜糖，乙之砒霜”，意思是，同样事物的价值因人而异，有时价值差距较大甚至截然相反。当两个人的力量差别较大时，就算面对同一种对象，也可能得到不同的价值层次，进而采取不同的方法，甚至截然相反。

春秋时，宋国官员子罕十分清正廉洁，受人爱戴。有人得到一块罕见的宝玉，拿去献给子罕。子罕当然知道“吃人嘴软、拿人手短”的道理，因此拒不接受，说：“你以宝玉为宝，而我以不贪为宝。如果我接受了你的宝玉，那我们都同时失去了自己的宝物，倒不如我们各有其宝呢！”这真是巧妙而高尚的回答，送宝者立即离开。

还有一个贝多芬的故事。他对大文学家歌德十分敬仰，1812年，二人在捷克泰普里茨相会，一见如故，成为朋友。一天，他们亲密地手挽手散步，远远望见一群皇族迎面走来。歌德赶紧脱帽躬腰退到路旁等候，脸上呈现出谦卑的微笑。贝多芬对此很是反感，劝他回到路中间，但歌德没听他的。贝多芬则背着双手，抬头挺胸大步走过去，一副高高在上的姿态，皇族诸人纷纷向艺术大师致敬并为他让路。贝多芬穿过人群后，停住脚步观看，只见歌德正在毕恭毕敬地向权贵们逐个鞠躬致敬。

等到歌德赶上来，贝多芬痛心地抱怨：“我等您是因为我敬重您，您是值得敬重的，但是您对他们却过分尊敬了。”歌德尴尬得无言以对，内心却对贝多芬的狂傲十分厌恶，从此冷淡相待。

许多人赞美贝多芬，嘲笑歌德。公平地说，歌德尊敬权贵，低头鞠躬，也算人之常情，世界上有几个人能不对权贵低头呢？这时候，自己不要轻易地学习他人，或者要求他人学习自己，以免产生不必要的矛盾。

7 _己所不欲：勿施于人 vs 可施于人

孔子说：“己所不欲，勿施于人。”言内之意是，你自己不愿意要的东西，也不要给别人。言外之意是，如果你不想让别人以你不喜欢的言行对待你，你就不要以这种言行对待别人。

毫无疑问，这是一条为人处世的基本法则，然而细究起来，它也并非绝对真理。我们不能因为它是圣人提出的，就不分条件不计效益地执行。

处在一般和超常条件下，我们必须谨遵圣人教诲，面对自己不喜欢的方式，不要施加给别人。因为，别人和自己一样，具有相同的基本需求，你不喜欢，别人同样不喜欢。如果你不爱护他人，侵犯他人利益，别人就会报复，以牙还牙，以眼还眼，以其人之道还治其人之身。

这里讲一个笑话。张三请李四到家里喝酒，请柬上写着“明日上午，半鲁席候驾”。李四认为，半鲁席就是酒桌上一半是鲁菜，很高兴。第二天，李四兴冲冲地来赴宴，结果张三只上了一壶酒和一条鱼，半天过去也没上别的菜。李四就问：“酒席上怎么只一条鱼？老兄不会搞错了吧？”张三嬉笑着说：“没错呀，请柬上不是明明白白写着半鲁席吗？半鲁为鱼啊。”李四知道被捉弄了，决心报复。

几天后，李四给张三送请柬，上面也写着“明日中午，半鲁席候驾”。张三一看，觉得李四鹦鹉学舌，好像是报复，但又觉得还有鱼吃，不会吃亏，于是第二天中午按时到了李四家。李四端上来一壶酒，就躲到厨房里，很久不再上菜，张三只好耐着性子苦等，盼着鱼上来好喝酒。酒桌是摆在院子中间的，中午的阳光火辣辣的，晒得张三全身冒汗，难受至极，就忍不住催促："即使你也摆半鲁之席，也该有鱼呀，怎么还不上鱼呢？"李四喊道："我的菜早就上齐了呀，请柬上不是明明白白写着半鲁席吗？半鲁为日，你看现在太阳多好呀。"张三气急败坏地站起来走了。

当然，人们反击报复并不局限于用相同的方法，但是肯定会用侵犯对侵犯。因此，做人需要换位思考，站在对方的立场考虑问题，这样就会约束自己，让双方关系达到平衡。

但是，在反常条件下，我们必须反其道而行之，己所不欲可施于人。

有时候，你自己不喜欢的东西恰恰是别人喜欢的或需要的，这就可以送给他。例如，有的人非常正直，不希望别人奉承自己，但是自己作为下属，面对非常希望奉承的大领导，不得不曲意奉迎。人们都不希望别人批评自己，但是当朋友沉溺赌博执迷不悟时，你能不批评他吗？你买了一件衣服，后来发现不喜欢，也不必扔掉，可以送给亲戚朋友，他们可能喜欢。你在小餐馆吃完饭，还剩下一整块炸鸡腿，你不想打包带走，看到门口乞丐乞求的眼神，就可以把炸鸡腿送给他。

在战争中更是这样。在残酷的战争中，指挥员必须具备强硬的心态，不要过分在乎属下的承受能力和逆反心理，只有足够的强迫才能激发出最大的潜能进而争取胜利，心慈手软的人总是失败者。

巴顿被誉为"血胆老将"，坚信只有胆量和鲜血才会赢得战争。一次，巴顿到伤兵医院视察，一个什么绷带都没有的士兵引起他的注意，他就询问原因。士兵回答：我的神经有病，怕炮火。巴顿立即骂他是胆小鬼，打了他一记耳光，并严厉地命令他返回前线，而不是在这里做孬包。在巴顿的督导下，美军士兵个个英勇无比。

巴顿对待士兵虽然粗暴，但是很有必要。士兵也是人，天性贪生怕死，只有强力压迫才会变得不怕死，而只有不怕死才能赢得战争的胜利和大多数士兵的生存。

2005年，战争题材电视剧《亮剑》横空出世，引起不小的反响。《亮剑》根据一些原型成功地塑造出李云龙个性明显的英雄形象，完全颠覆了传统的英雄形象。他的专横霸道让同僚感到不痛快，但更多的是敬佩。

一次大战前，转任独立团团长的李云龙和政委赵刚、副团长孔捷发生争吵。李云龙指责他们，却不允许对方指责自己，并且声言：你到新一团打听打听，都是我骂别人，谁敢给我龇牙咧嘴。平时我还可以让着你们，枪炮声一响，全团都得听我的。赵刚和孔捷被迫闭嘴。随后，李云龙指挥部队消灭了敌人。

李云龙可真是彻底颠覆了“己所不欲，勿施于人”的戒条，俨然是“己所不欲，己可施于人，而人不可施于己”。但是，现实效果是，无论下级、同级还是上级，都对李云龙敬佩有加，对他的专横霸道有些赏识。这是因为，李云龙的粗鲁多少契合当时那种残酷的大环境，温文尔雅的人很难在战场上活下来，而且李云龙常常带领大家打胜仗，大家在李云龙那里受的窝囊气都被巨大的胜利淹没了。可想而知，如果是一个不会打仗却非常专横粗鲁的家伙，早被大家打趴下了，哪会像李云龙一样成为大家心目中的英雄？

8 _我就是不给你好处

有一句话很流行，叫“将欲取之必先与之”，意思是想从别人那里得到好处，必须先给予他好处。这句话在一般条件下管用，因为人们都是自保自利的，只有先给予对方好处，才能得到对方的感恩和信任，对方才会回报拥护你，否则人家用不着你，不用主动讨好你。处在超常条件下，对敌人也可使用这个计策，不过对方必须非常忠直。诸葛亮对孟获七擒七纵，就是“将欲取之必先与之”的绝妙战例。这个故事大家耳熟能详，我在这里就不啰唆了。

欲取先与看上去奇妙无比，其实也有风险，这种方法在反常条件下是无法使用的，比如对待那些不知感恩的人就不能施以恩惠，否则肉包子打狗有去无回。

《三国演义》有这么一个情节，在虎牢关，张飞挺着丈八蛇矛，痛斥三国第一猛将吕布：“三姓家奴休走，燕人张翼德在此！”吕布大感耻辱。那么，“三姓家奴”是怎么回事？

原来，吕布年轻时父亲早逝，就认并州刺史丁原为义父。丁原悉心培养吕布，把他当作左膀右臂，待遇优厚。后来，董卓发现吕布勇冠三军，是个难得的将才，就打算收买，派人给他送去一匹赤兔马和大量黄金珠宝。吕布本性是一个小人，因此见利忘义，杀了丁原，投靠董卓，拜为义父。得到吕布帮助，董卓如虎添翼，放肆地把持朝政。

为消灭董卓，司徒王允设下美人计加借刀杀人的连环计，将自己的绝色侍女貂蝉先后许给董卓和吕布，于是两人争风吃醋，关系逐渐恶化。最终，吕布杀了董卓，夺回貂蝉。

后来，曹操打败并抓住吕布，吕布要求松绑，曹操笑说：“捆绑老虎不得不紧。”吕布又说：“曹公得到我，由我率领骑兵，您率领步兵，可以统一天下了。”曹操颇为心动，因为吕布确实是第一将才，正在犹豫不决，刘备在一旁提醒：“您没看见吕布是如何侍奉丁原、董卓的吗？”曹操内心一紧，决意杀死他。

这便是“三姓家奴”的真面目。吕布这样的人有奶就是娘，有钱就是爹，你给他好处，他当时对你好，但内心并不忠诚，过后为了更大的好处很可能反叛。这样的人被识破后，别人当然不会重用他。

由此可见，将欲取之必先与之的方法并非万能，对一些缺德之人不可用好处拉拢，否则就会引火烧身，引狼入室。

还有一种情况，不给好处，靠强硬的手段，也可以达到目的。曹操请司马懿出山就没怎么客气，反而威胁他，同样奏效，可谓“将欲取之必先逼之”。

公元201年，曹操听说司马懿富有才华，便派人去找他想让他为己所用，但司马懿鄙视曹操是宦官之后，而且性格多疑，不好相处，另外天下局势尚不明朗，就借口患有风痹症，不能正常活动，回绝了。为防止曹操窥探虚实，司马懿立即卧床不起，装起病来。

曹操马上就想到这是司马懿的借口，感到司马懿对他大不敬，自然非常恼怒。他立刻派人扮作刺客，去验证司马懿是否真有风痹。刺客于夜深人静时来到司马懿的寝室，手挥利剑刺向司马懿。聪明的司马懿立即悟到这是曹操的试探，他知道此时自己如果反抗，纵然侥幸逃得过刺客的手，也逃不出曹操的手，横竖是死，就索性装着风痹瘫痪的样子，面对利刃丝毫不动。刺客认为他真的有病，就收剑走人。

208年，曹操升为丞相，再次要用司马懿，并给使者下令说：司马懿如再拖延，不肯答应，就把他抓来见我。司马懿看到曹操掌握政权已成定局，再推托会大祸临头，就乖乖地答应了。

9 _什么时候需要重视细节

现在兴起一股宣扬注重细节的思潮，强调细节决定成败，不过也有许多人反对重视细节，鼓吹大行不顾细谨，双方辩论激烈，谁也说服不了谁。其实，他们都正确，但同时也都不完全正确。对于细节，我们必须运用一分为三、分层对待的最高机制总则来辩证看待。

在一般条件下，我们必须重视细节。许多细节是大行的组成部分，二者的关系就像一块砖和整个大楼的关系，如果忽视细节，大行就成了空中楼阁。

在日本东京，有一家小贸易公司和德国一家大公司合作，德国公司的商务经理需要经常往返于东京和大阪，日本公司的一位女士负责为他订火车票。德国经理坐了几次车后，惊奇地发现一个规律：每次去大阪，座位总在右窗口；而返回东京时，座位总在左窗边，这样自己每次都能欣赏到日本最著名、最美丽的富士山，不会觉得旅途寂寞。于是他询问那位女士，得知这是有意的安排，十分感慨。这家公司的员工在微不足道的事情上尚能做得如此认真负责，同他们做生意还有什么不放心的呢？后来，他把对这家公司的贸易额提高了2倍，由原来的400万马克增加到1200万马克。

一滴水能映出太阳的光辉，确实如此。既然细节都注意到了，还有什么大事做不好呢？

可能有些读者会问，小人物注重细节可以理解，毕竟他们时间比较充足，那些大人物是不是也重视细节呢？答案是肯定的。大人物感情丰富，心思缜密，眼光敏锐，非常在意重要的细节。万通地产前董事长冯仑曾在香港与李嘉诚吃过一次饭，小小的一次饭局，引出他大大的感慨。

安排座位时，李嘉诚举行了一个抽签仪式，让嘉宾抽签，按签就座，这样就免去了一番推让或争抢。

大家落座后，想请李嘉诚说几句，他谦辞，后来大家鼓掌让他说，他就说我把生活当中的一些体会与大家分享一下吧。由于在座的有几个外国人，他就先用英语说一遍，然后又用粤语讲了一遍，把全场的人都照顾到了。

李嘉诚一共宴请了四桌客人，他在每桌都坐15分钟，加起来正好是1个小时。宴会结束时，李嘉诚与众人一一握手道别，就连服务员也没有落下。他还把大家送到电梯口，直到电梯关上门才转身离开。

整个宴会过程，客人们无不被李嘉诚的细心招待所感动，以后怎么会不积极向他靠拢和报答他呢？有了大家的鼎力支持，李嘉诚怎么会不成功呢？

处在超常条件下，一些细节会直接关系到大行，我们必须非常重视细节，把它当作大行来看待。

美国沃尔玛公司有两个著名的“三米微笑”和“八颗牙齿”原则：当顾客走到距离员工三米远时，员工必须微笑着看着顾客的眼睛，并询问是否需要帮助。同时，对顾客的微笑还有量化的标准，即露出八颗牙齿。这么做，会让顾客感到亲切而自然。如果四五米之外就打招呼，会让顾客感觉突兀和过分；如果一两米之内才打招呼，会让顾客感觉冷淡，显得欠缺热情。如果露出十几颗牙齿，显得太亲热，矫揉造作；如果露出四五颗牙齿，显得勉强，不会触动人心。距离三米微笑和露出八颗牙齿，既不过分，也不欠缺，恰到好处，正好吸引顾客，做成生意。

2011年的故宫错字事件，想必大家都有印象。有人从戒备森严的故宫偷走几件文物，随后案件告破，故宫给公安局送上锦旗，上书“撼祖国强盛，卫京都泰安”。“撼”字应为“捍”，这两个字发音相同，但是意义相差十万八千里。错字被媒体曝光后，故宫遭到舆论的挖苦抨击，弄得灰头土脸，狼狈不堪。

当然，我们不能把细节神化，不能把它当作完全超越大行的东西。如果处在反常条件下，我们必须轻视乃至抛弃细节。

在鸿门宴上，项庄舞剑，差点儿刺死刘邦。刘邦以上厕所的名义中途退出宴席，樊哙建议趁机逃走。刘邦说，我还没有来得及向项羽辞行，怎么办？樊哙焦急地回答：“大行不顾细谨，大礼不辞小让。如今人方为刀俎，我为鱼肉，何辞为！”就是说，干大事的人不要斤斤计较于细节，如今人家好比是刀子和砧板，而我们好比是鱼是肉，还告什么辞！于是刘邦一行人快速离开死地，让张良留下来向项羽解释并致歉。

有的小节是其他方面的，和当前的事情隔着十万八千里，八竿子打不着，你就不要在意它们。

在苏联卫国战争期间，列夫·麦赫利斯曾任方面军军事委员会委员。有一次，他向斯大林报告了前线形势后，顺便提起罗科索夫斯基将军有生活作风问题。斯大林听了没有任何反应。

麦赫利斯有些失望，但并不甘心，临走时又向斯大林问道：“请问我们到底拿他怎么办？他搞女人搞得也太得意了！”不料斯大林说：“怎么办？你只能眼馋呗。”

斯大林做得正确，他不能在战争期间因为生活作风问题而处理一位重要的将领，这是捡芝麻丢西瓜的赔本买卖。

10 _中庸有理，极端也有理

孔子提倡中庸，即执两用中。在这里，我们先明确一下中庸的含义。首先，中庸指的是一种做人方法，而非效果和效益。其次，中庸是指处理问题时不要走极端，要找到处理问题的最合适的方法。中庸看上去很美，适合大多数事情，但是不可绝对化，要尽量中庸而不可绝对中庸。

处在一般和超常条件下，我们当然要中庸而忌极端。比如，对待普通人，态度既不要很冷淡，也不要很热情；对普通的熟人许诺，注意留有余地，不要把话说得太满。

对于能力和地位都不高的普通人来说，具有不大不小的无私心和善良品德就是合适的。如果具有极大的无私心，你的能力就无法支撑。

2007年11月一个寒风刺骨的晚上，在重庆打工的高雪与丈夫回老家，经过一个垃圾堆时，偶然发现一个男婴被丢在里面，已经冻得发紫。一旁的清洁工说：“这个孩子有病，已经被人丢了三次了。”怀着孕的高雪顿生怜悯之心，和丈夫商量了一下，将孩子带回家，取名豆豆。

高雪将豆豆送到医院检查，结果犹如晴天霹雳，豆豆除了复杂的心脏病，还有其他疾病，很难抚养。但是，高雪不顾丈夫的强烈反对，决定收养豆豆。

后来，高雪担心自己的孩子出生后，会没有时间照顾豆豆，于是再次做出了一个让常人难以理解的决定：打掉腹中5个月大的胎儿，以便全力照顾豆豆。这下子丈夫火了，再也无法忍受，要求离婚。高雪同意离婚，房子、积蓄都归老公，她只要豆豆。

这件极其特殊的善事引起舆论轰动，许多人难以理解，直言不讳地批评高雪是傻瓜。高雪当然不是傻瓜，而是高尚的。她坚持收养豆豆是因为一段特殊的经历。以前家里穷，父母把妹妹送给了别人。不过，妹妹的养父母对她很好。面对被丢弃的豆豆，高雪认为自己也能做到妹妹的养父母那样。不过，高雪高尚固然高尚，要做的事却远远超出了她的承受能力，对她本人的效益是负的，也难以获得大多数人的理解与支持。

中庸法则的一个变形是刺猬法则。两只刺猬由于寒冷而拥在一起，可是因为各自身上都长着刺，于是它们又不得不分开，但离得远了又冷得受不了，就再次凑到一起。就这样，几经折腾，两只刺猬终于找到一个合适的距离，既能相互温暖又不至于被对方刺伤。这告诉我们，人际交往彼此必须保持一定的距离，既不要太近，也不能太远，疏者密之，密者疏之，往往能取得成功。

曾任美国通用电气公司总裁的斯通就很注意身体力行刺猬理论。在工作场合，斯通因和高层管理人员接触较多，因此在业余时间，他从不请他们到家里做客，也从不接受他们的邀请，但他会对普通员工施以关爱，甚至做“家访”。正是这种保持适度距离的管理，使得通用电气的各项业务芝麻开花节节高。

不过，处在反常条件下，面对极端的利害，我们必须抛弃中庸，实行极端方法，这样才算适宜。例如，对待亲人还不冷不热，就显得冷血；对待死敌还不即不离，就显得迂腐；火烧眉毛了还不紧不慢，就显得是个傻瓜蛋。

清末重臣曾国藩特别崇拜孔子，也提倡中庸之道，但是并不迷信，必要时会偏离中庸，甚至超越普通的极端，实行极端的极端。

曾国藩擅长笼络亲信。除破格提拔外，他还有比较特别的两招。一是用亲笔信代替公函。他的一些部下，朝廷的红头文件调不动，曾国藩拿张纸写几个字，就可以在千里之外驱使他们。这是因为，曾国藩很了解手下武将文官的心态，他们绝大多数不是来自官场，不习惯公函，感觉那是冷冰冰的公事公办，亲笔信则显得温情和尊重。曾国藩的第二招是给自己看重的人赠腰刀，得到腰刀的部下会感到比其他人荣耀，更加拥护曾国藩。与对亲信的温情相对比，他对待“叛军”就显得冷酷无情。他在镇压太平军起义时提倡乱世用重典，大开杀戒，以至于被人称为“曾剃头”。

其实，人生在世不如意的事情很多，早晚会碰上极端棘手的事情，哪能由得你调和中庸呢？

11 _不学李宗吾的书，只学李宗吾的人

民国时期，奇人李宗吾根据三国时期和汉初英雄人物的成败经验得出一个结论：如果具备厚黑的本性，同时糊上仁义的外表，就能取得成功，如刘邦、曹操、刘备之流；相反，如果缺乏厚黑，从里到外都仁义，就会失败，如项羽、范增之辈。

所谓厚黑，就是厚颜黑心，特别厚的脸皮、特别黑的心肠，实质是指极端的自私自贱和凶恶狡猾。现在，有些人十分崇拜厚黑学，自以为找到了为人处世的灵丹妙药，像打了鸡血一样激动不已，准备大用特用，这极其幼稚、愚蠢和危险！

与厚黑学相反，仁慈的“红心肠”加上自尊的“薄脸皮”可谓是“薄红学”。无数成功事实说明，薄红和厚黑二者缺一不可，并且以薄红为主。

以前，曹操被当作奸雄，在戏台上也被描绘成白色的脸谱。近年来，历史被还原，真相被发现，曹操是当之无愧的正面人物，其心是红灿灿的。他的手段有时残忍，但是多数时候很仁义，否则无法赢得那么多人才和百姓的拥护。

官渡之战，曹操打败袁绍后，在袁绍的军营里搜到很多自己的部将私通袁绍的信件。曹操看也不看就将这些信件全部烧了，并说：“袁绍兵强马壮，我自己有时也打退堂鼓，何况你们？”众将无不感激涕零，从此死心塌地效忠于曹操。

曹操杀吕伯奢的事情，往往被视为残暴之举，其实这事也有些被迫和偶然。当

时他杀董卓失败，提心吊胆，所以听到吕家磨刀会想到是要杀他。而他杀了吕伯奢全家后，就只能杀了吕伯奢，以免他报复。

曹操杀杨修，原因有很多，其中包括他暗中支持曹植，影响到自己的继承人选择，而嫉妒杨修的才华并非主因，因为杨修除了卖弄文字上的小聪明，没有什么治国大才。其实，曹操对于真正的大才非常器重，不会抓他的小辫子。大谋士郭嘉最初投奔当时势力最强大的袁绍，可是他看出袁绍心胸狭窄，成不了大气候，便离开袁绍，投在曹操旗下。郭嘉出谋划策，帮助曹操建立了霸业，因此曹操非常器重他。有一次，曹操手下的纪检官员陈群，因为郭嘉行为上不检点奏了他一本。但是，曹操一面表扬陈群检举有功，一面却对郭嘉不闻不问，说是非常之人不宜以常理拘之。

对于曹操的真实面目，还是请大家看一下我们在前面叙述的郭嘉对曹操的评价吧。郭嘉的评价概括起来，就是曹操不但比袁绍聪明，而且更加真诚仁义，自然能成功，而袁绍只是假仁假义，注定要失败。

李宗吾认为刘邦凭借厚颜黑心，最终取得天下。厚黑固然助了刘邦一臂之力，但是决定刘邦成功的主要原因还是其仁慈。比起项羽来，刘邦非常仁义，堪称大君子。项羽为了给叔叔报仇，要求和刘邦一起西进关中，但遭到大家的一致反对，原因恰恰在于，大家觉得项羽做事比刘邦要残忍得多，而且年轻没有经验；刘邦则是个长者，宽厚仁慈，威望较高，所以，最后决定只让刘邦一人领兵西进关中。刘邦占领咸阳后约法三章，善待百姓，深受百姓拥戴。

反观项羽，残暴至极，巨鹿之战后，他坑杀秦朝投降的将士20万人，要知道这20万兵丁后面有多少父母妻子！项羽进入咸阳之后大肆掠夺，最后一把火烧掉阿房宫，本来一片繁华的咸阳城被他项羽弄得残破不堪，人民怨声载道，“秦人大失望”。这与他的对手刘邦相比，简直是一魔一神，焉能不败？！

对刘邦和项羽的比较，还是请看韩信的评价吧。韩信拜将后，分析比较刘邦和项羽的本事高低，说：不仅大王自己，而且我也认为您不如项王有本事。但是我以前侍奉过项王，非常清楚其为人。项王一声怒喝，千人吓破胆，但是他不能放手任用贤将，发挥大家的力量，这只是匹夫之勇。项王待人很好，看到别人生病，就同情地落泪，还把自己的饮食分给他；然而等到部下获得战功应当封爵时，他却把官印的棱角都磨光滑了也舍不得给别人，这只是妇人之仁。项羽军队所过之处，无不惨遭蹂躏，所以天下人怨恨他，只是勉强屈服于他的淫威。项王名义上虽为天下的领袖，实质上已失去民心，所以他会很快由强变弱……您对百姓秋毫无犯，还废除秦朝的苛酷刑法，约法三章，秦国百姓都很拥戴您。

综合来看，刘邦是大善人加小恶人，人民拥戴，必然成功；项羽是小善人加大恶人，众叛亲离，必然失败。

由上可见，本人的薄红学远比李教主的厚黑学重要。其实，李宗吾写厚黑学是为了警世，并非要人变得脸厚心黑，他本人行事也不厚黑。国学大师南怀瑾就说过，他们两人打过交道，李宗吾在实际生活中很讲道德，很厚道。

读到这里，你应该知道，尽管厚黑学赫赫有名，却并非万灵丹，同样需要分层对待。

对一般人来说，没必要厚黑。我们天天见面，都是你好我好大家好，一团和气，一派和谐，你会天天厚着脸皮哀求别人，或者朝别人下黑手吗？即使利益稍微受损，也不可运用厚黑手段。当年的曹操、刘邦用厚黑保护的是个人生命，争取的是整个天下；如果为仨核桃俩枣就厚下脸皮，黑起心肠，太不值得，反而会遭众人唾弃！

对于一个推销员来说，应该具备特厚的脸皮，否则很难成功。客人一次次拒绝后，你要再一次次请求，才能打动对方。

对于立志成就大事的人，尤其是大企业家和大政治家来说，你碰到的情况会极其复杂和险恶，你争取的巨大利益会引来别人的疯狂垂涎，那么你可以用厚黑来对付敌人。当然，你也必须具备更高的薄红来驾驭厚黑，切不可被厚黑控制。否则，你必然会大肆侵犯大众利益，注定被消灭，落得跟项羽一样的下场。

12 _谁说我糊涂

郑板桥是清朝“扬州八怪”之一，他所写的“难得糊涂”广为世人传诵，乃至很多人家里客厅或办公室都挂着一幅这样的字。

我们知道，糊涂有两种：一种是真糊涂，真的不知道事情真相；一种是装的假糊涂，即郑板桥的难得糊涂，明明是非黑白了然于心，偏偏装作真假好坏不分，内心里揣着明白表面上装着糊涂，狡猾从事。

有些人猎奇心理很强，认为同正常方法不一样的就是玄妙得高深莫测，于是非常崇拜装糊涂。殊不知，和正常不一样的有两种，既有好的超常，也有差的反常，例如比正常人奇特的既有超人也有傻瓜，大街上的乞丐并非都是深藏不露的洪七公。

且不论装糊涂是否高明，即使它是高明的方法，也只是在特殊时机下管用，万万不可大用特用。如何装糊涂，其中大有讲究。

处在一般和超常条件下，我们不必装糊涂。真诚虽然有时会给你自己带来一点儿小麻烦，但是反而有助于你树立良好的形象，获得他人的信任，得大于失。有时对方会识破你在装糊涂，就不能装，否则会弄巧成拙，聪明反被聪明误。

在故宫锦旗错字的事情发生后，更糟糕的是，故宫官员死不认错，内心知道是错字但嘴上硬说不知道，甚至狡辩“捍”和“撼”两字是可以互换的通假字，结果引起舆论更大的抨击，故宫官员又给人留下不真诚、品德恶劣的形象。可以想象，如果故宫官员早早认错，而不是揣着明白装糊涂，就不至于丢人丢得这么大了。

2012年，一起交通肇事案造成三死两伤，面对如此大案，在被告人没赔偿的情况下，一个法官却轻判被告人。此事经媒体披露后引起强烈的质疑，而这个法官却解释说，有关部门“出具了一份表述含糊的赔偿证明”，自己当时“眼睛花”，看错了，才将案件“判错了”。这个解释更加离谱，舆论一片哗然，最后法官被批捕。可见，乱装糊涂，很可能弄巧成拙，得不偿失；而如果当时积极承认错误，不找客观理由，就会大事化小，小事化了。

有时候，自己装糊涂，会被对方看作不在乎或者不敢管，甚至真糊涂，会纵容他继续做坏事。胡图和井明是朋友，两人合伙开了家小公司，胡图负责经营，井明管账，开始生意还不错。后来，胡图发现有一小笔资金账目和实际不符，就询问井明，井明找了个借口解释。胡图看出井明在做假账，但碍于情面不好意思指出，就对自己说：我对财务不是很明白，相信朋友不会欺骗我。而井明则认为胡图根本不懂账，即使他揣着明白装糊涂，自己也可以将计就计，也来个揣着明白装糊涂，不理会他。后来，井明更加放肆地做假账，转移的资金越来越多，而胡图总是不愿意揭开真相，怕朋友间撕破脸皮。2008年国际经济危机到来后，胡图发现公司缺乏资金运转，再找井明，对方早就溜之大吉了，公司不得不宣布破产。可见，自己装糊涂自以为高明，其实是软蛋和蠢货。

不过，既然装糊涂如此受国人吹捧，可见其多多少少会有一点儿用处。处在反常条件下，人们可以装糊涂。

装糊涂需要两个条件。首先，如果摆明真相、实话实说，就会给自己带来很大的麻烦或者失去巨大的利益，难以承受。其次，自己装糊涂能够蒙住别人，别人相信你装的就是真的。只有同时满足以上两个条件，装糊涂的效益才会大于真诚的效益，才能睁着眼睛说瞎话，揣着明白装糊涂。例如，偶然撞见他人的尴尬事，不妨装作没看见，以免对方恼羞成怒。别人拐弯抹角地求你帮忙，你弄明白后实在不愿意帮忙，就装着不明白，打哈哈。

值得注意的是，郑板桥是针对当时的封建官场提出的难得糊涂。装糊涂在封建官场确实大有用武之地。在封建社会，凡是在官场上仗义执言的人，都难有好下场。苏东坡诗云：“人皆养子望聪明，我被聪明误一生。”他在朝为官，敢于直言，不愿装糊涂，仕途颇为坎坷，多次被排挤和关押，因此作诗调侃自己。

东晋时期著名书法家王羲之，十几岁时就闻名远近，被称为“小神笔”。大将军王敦也爱好书法，常常把王羲之带到军帐中表演，如果天色晚了，还让他在自己的床上睡觉。

有一次，王羲之一觉醒来，听到王敦和心腹谋士在悄悄商量造反的事，大吃一惊，心想，他们一时忘记了我睡在帐篷里，等到他们想起来，恐怕会杀人灭口！王羲之急中生智，凑巧睡前喝了点儿酒，他就假装大醉，把床上吐得到处都是，然后蒙头盖脸，发出轻轻的鼾声，装出睡得很沉的样子。

王敦和谋士密谈了多时，忽然想起了王羲之，打算杀人灭口。二人看到王羲之昏睡不醒的样子，认为他没有听到谈话内容，便不再杀他，王羲之逃过一劫。

一次，宋太宗和大臣孔守正、王荣一起饮酒聊天。两个大臣喝得酩酊大醉，头脑发昏，说着说着就争论起守边的功劳来，越吵越厉害，把太宗晾在一边，理也不理，完全失去了臣子应有的礼节。旁边的侍卫实在看不下去，就请求把两人抓起来治罪，太宗没有同意，而是派人把他们送回家。第二天，两人酒醒了，想起前一天的行为，不禁后怕，一起向皇上请罪。太宗却说：“朕也喝醉了，记不得这些事了。”对两人的行为不予追究，让他们感激涕零。

宋太宗托词说自己也喝醉了，既没有丢失朝廷的面子，又保护了两位大臣，这糊涂真是装得好啊。

还有个美国前总统威廉·哈里逊的故事。据说，这个美国总统童年时十分害羞，看上去反应迟钝。邻居都视他为小傻瓜，经常把一个五美分的硬币和一个十美分的硬币扔在他面前，让他任意捡一个，但不可捡两个。哈里逊总是捡那个五美分的硬币，于是大家都嘲笑他不知道哪个钱多哪个钱少。一天，一位善良的老妇人实在看不下去了，便对他说："可怜的小威廉，难道你不知道十美分要比五美分多吗？"哈里逊平静地回答："我不是傻瓜，当然知道。不过，如果我捡了那个十美分的硬币，他们就没兴趣扔钱给我了。"

这个装糊涂装傻瓜真的是聪明到家了，那些觉得自己聪明的人却沦为大傻瓜，真正遭到戏弄的是戏弄者本人。

13 _不是所有乞丐都是深藏不露的洪七公

在我们国家流传着一种很是奇怪又神乎其神的观点——真人不露相，露相不真人，否则就会“聪明反被聪明误”。《菜根谭》中说：“聪明人宜敛藏，而反炫耀，是聪明而愚懵其病，如何不败？”意思是，一个聪明的人，本来应该持谦虚有礼不露锋芒的态度，如果夸耀自己的本领高强，这种人表面看来好像很聪明，其实跟无知的人并没有什么不同，那他的事业又如何不受挫、不失败呢？

时至今日，仍有些人把隐藏聪明奉为座右铭，捧为至理名言，实在可笑可怜可悲可叹可气之至。这种方法，其实只适合少数反常的情况，它没有普遍意义，绝对不可推而广之。

面对自己的才华，处在一般条件下，人们应该展现之；处在超常条件下，有重大的好处，更要积极表现自己。

俗话说“有权不用，过期无效”，同样，“有才不用，过期无效”。如果一辈子都不让才华露相，那么才华就如同没有，才子就如同废物。因此我说，真人应露相，露相方真人。

在当代，最大的竞争就是人才的竞争。在应聘简历上，谁不是尽可能地展现自己多才多艺？谁会把自己描绘成百无一用的蠢材？当企业遇到技术难题，你明明能解决，别人请你，你却连连摆手，“我不行，真的不行”，同事准会骂你神经病，老板准会把你踢出门去！只有展现才华才能取得成就，才能得到老板的赏识和同事的敬重，才能获得升迁和金钱，得到喝彩的掌声、羡慕的目光。

再风光的演员都有不风光的第一次，孙红雷的第一个重要角色就是厚着脸皮争取来的。当时，孙红雷刚大学毕业，听人说赵宝刚有一部电视剧，都开机了，其中有一个角色人还没选定。孙红雷心想，这样大的导演的戏，我一定要上，管他去哪儿，戏份有多少！他抬腿就去了剧组，那天赵宝刚正忙着拍戏，没理他。副导演把剧本拿给孙红雷，他翻了翻，怎么也找不到那个角色的戏，原来戏份太少了，剧本上都找不到。他苦苦等待了几个小时后，赵宝刚趁着剧务调光的空当儿，远远瞟了他一眼，蹦出一句：“不行，长得太善良了。”

孙红雷当时就急了，冲赵宝刚大喊：“怎么就不行了！你这个角色不用我，你会后悔一辈子！”

当时，赵宝刚真的惊了一下，敢说这话的人，不是疯了就是神了！于是赵宝刚答应让他扮演，效果还不错，以后就重用孙红雷。从此，孙红雷开始红了。

即使在古代，许多“真人”也是抓住手边的机会，尽力表现自己。战国时期，秦国攻打赵国，赵国平原君奉命到楚国求助。走之前，他挑选了一些平时显得聪明能干的人，准备带着一块儿去劝说楚王。毛遂主动请求跟着去。平原君说：有本事的人在人群中，就如锥子放在布袋中，尖儿立刻露出来。你在我家已有三年，但我从未听说过你的名字，看来你没有什么能耐，还是不要去了。毛遂回答：若我真的能如锥子放在布袋里，岂止只露出尖儿！平原君答应了他的要求。后来，毛遂果然帮助平原君完成了使命，自己也名垂青史，流芳百世。

如果别人嘲笑你无能，那么你更要显示出聪明才智，教训对方。

晚清著名的学者辜鸿铭学贯中西，也精通英语等外语。一次在欧洲的列车上，几个年轻的外国人，看到辜先生身穿长袍马褂，留着小辫，就评头论足，肆意嘲笑。辜先生不动声色，掏出一份英文报纸看起来。几个外国人笑得前俯后仰，说：“这个中国人真是白痴，不懂英文还要看报，把报纸都拿反了。”等他们笑完之后，辜先生用纯正的英语流利地回答：“英文这玩意儿实在太简单了，不倒过来看，还真没意思。”几个外国人一听，惊愕异常，灰溜溜地下车走了。

辜先生面对几个外国人的取笑，并没有沉默忍让，而是卖个关子，猛地显露自己的才华，既教训了对方，维护了个人尊严，也维护了国家尊严。

有些人信奉“人怕出名猪怕壮”的古训。古代社会法制不健全，出名后可能真的会受到不正当的打击，但是现在社会比较文明，法律比较健全，会严格保护人们，而有才华的人更能受到大众的喜爱和保护，就不必担心出名带来不必要的麻烦。

伟大的科学家爱因斯坦是犹太人。在二十世纪二三十年代，德国掀起反犹太人的浪潮，爱因斯坦积极发表反纳粹言论。1933年，希特勒上台后，大肆推行反犹太人政策。那时爱因斯坦在比利时，比利时王后伊丽莎白早就崇拜爱因斯坦的思想与人格，因此竭尽全力保护爱因斯坦的安全。后来爱因斯坦去了英国，下船上岸后，一位仰慕者马上用一辆严密遮盖的轿式马车把爱因斯坦带到自己的地盘。爱因斯坦住进一所僻静的房子里，周围有武装骑兵队巡逻，为了不引人注意，巡逻队由姑娘们组成。通过无数人的保护，爱因斯坦最后安全到达美国，并定居于此。

当然，处身复杂的社会，发挥才华必须审时度势，把握分寸，才华可以展现而不可炫耀，或者可以稍微炫耀而不可过分炫耀。如果处在反常的条件下，必须隐藏才华，否则木秀于林风必摧之。

如果你是一个非常有才华的人，就要小心观察周围的人和事。当同事或领导嫉妒心非常强，你的才华影响到别人的利益，可能遭到报复，而且你缺乏力量压制他们，你就要有所警惕，考虑隐藏才华，显露笨拙，或者离开他们，惹不起还躲不起吗？

康熙晚年，太子的人选迟迟没有定下。各位皇子为此结交朝臣，培植私党，彼此之间相互攻击，只有皇四子胤禛好像安分守己，对皇位没有多大兴趣。但后来的事实证明，所有的人都看走眼了。

原来，谋士戴铎郑重告诫他："父皇英明，做儿子的就困难。太张扬外露，势必会引起父皇和兄弟们的疑心；若一点儿也不显山露水，又会被父皇视为无能，从而抛弃。因此，露与不露两者之间的分寸，必须精心衡量，恰当把握。"

聪明老辣的胤禛对此自然明白，因此谨遵戴铎的告诫。他平时不过多地参与政事，从而免遭其他兄弟的倾轧，但是碰到大家都头疼的清理国库问题，他却敢于出头，从而得到康熙的欣赏。他没有像其他皇子那样明显地拉拢官员，而是暗中结交了两个有实权的人物——隆科多和年羹尧。隆科多官拜步军统领（即九门提督），负责京城卫戍。年羹尧则是四川巡抚，拥有一支精锐军队。结交这两个人大有实效，一旦京师有变，隆科多可控制局面；若西征中手握重兵的皇十四子有变，年羹尧可派兵与之抗衡，胤禛真是一位权力争斗的天才！他也终于得偿夙愿，荣登大宝，成为雍正大帝。

这个故事清楚地告诉我们，显露才华和实力，捞取功绩，一定要审时度势，不要绝对化，该露就露，该藏就藏。

14 _出头鸟的今古际遇

中国人长期遵循一类古训：枪打出头鸟，出头的椽子先烂，木秀于林风必摧之，等等。这些古训在古代或许适用，但现在随着环境条件的变化，规则也在发生变化，它们还管用吗?

处在一般条件下，人们可以稍微出头，标新立异，勇争一流。但必须指出的是，一般条件下稍微出头是适宜的，而过度出头就是不合适的，不可肆无忌惮。

在古代，人们普遍力量弱小，因此大都缺乏自信，遇事龟缩不前。而且，中国自古人口众多，彼此制约重重。如果一个人突然冒出来，显得大家非常弱小，就会成为大家的眼中钉、肉中刺，被群起而攻之。

时过境迁，现在生活水平提高了，人们吃得好穿得好，使得自爱获得丰富的营养，发展起来。人们个个自尊自信，谁也不服谁，都想显示自己与众不同，是人上人，“我秀故我在”。尤其是现在的年轻人，一根独苗，从小被家长宠爱，总是觉得自己很优秀，内心充满出头的冲动，好表现，不怕事。但是自己缺乏实际成就，得不到人们的关注和尊重，就依靠出风头来吸引眼球，填补内心的空虚。比如，以穿戴奇特而沾沾自喜，穿喇叭裤、染头发等曾经风行一时，社会也逐渐包容和认可这种出风头。这些行为虽然没什么可赞扬的，但从中可以看出，出头已经不再饱受打击，有了一定的生存空间，这就给真有本事的出头者创造了条件。与此相对的是，那些遇事唯唯诺诺、随波逐流的人被大家看作没本事的窝囊废，不是不想出头而是无能力出头。

处在超常条件下，人们更要积极出头，大出风头。

在竞争日益激烈的领域，人们争先恐后地出头。这是因为，出头不仅成为发展的手段，而且是生存的基础，出头则生，埋头则死。乔布斯领导的苹果公司就是敢于出头，善于出头，总是制造最完美的产品来吸引消费者，总是引领行业潮流，因此被誉为世界第一公司，而昔日的手机老大诺基亚缺乏前进的精神，已经风光不再。

当自己所在的群体受到打击，一些强者甚至每个人都应该出头，不愿意出头也必须出头。2012年6月29日，由新疆和田飞往乌鲁木齐的一架飞机上，6名歹徒企图劫机，先是想控制驾驶室，未能得逞，就想打死几个乘客，威胁全体乘客一起劫机。乘警发现后立即打击歹徒，但乘警寡不敌众，形势危急，而此时所有乘客都还茫然无措。这时，一位乘客率先站出来冲向歹徒，接着又有几位乘客跟随。但是，局势还是很危险。其中有位搏斗的乘客对着机舱内大喊："你们还是男人吗？都上啊！"这一声断喝，惊醒许多男乘客，大家纷纷冲过去，一起制伏了歹徒。

有位乘客心有余悸地回忆说：真要感谢那位第一个站出来与歹徒搏斗的乘客。可想而知，如果不是第一位乘客带头反抗，不是那一声大喊，恐怕歹徒就得逞了，那乘客们的命运可是凶多吉少。

处在反常条件下，人们不可出头。如果自己缺乏任何突出的力量，就不要强出头，以免受到嘲笑或打击。如果自己淡泊名利，醉心于研究事业，也不必出风头。例如，爱因斯坦成名后就非常厌恶社交活动，媒体吹捧对他而言变成了骚扰。

当面临险恶的对手和环境，如果出头后可能饱受打击，根本无法承受，那么不妨把自己藏起来。

元朝末年，起义军有许多支。朱元璋占领南京及其周边地区，在他的北边有韩林儿、刘福通，东边有张士诚，西边有徐寿辉等，南边有元军，他们的力量都比朱元璋强大。面对四面强邻，朱元璋接纳儒士朱升“高筑墙、广积粮、缓称王”的建议。其中，这个“缓称王”很有必要。因为，树大招风，称帝称王的影响大，那是直接跟元朝皇帝对着干，所以元朝皇帝发现谁称帝称王，就优先调动军队去拼命围剿。另外，如果称帝称王，也会让其他起义军不服气，得不到支持。正是因为“缓称王”，元朝军队集中力量攻打称帝的韩林儿，弄得个两败俱伤，朱元璋趁机发展起来，为以后建立明朝打下坚实的基础。

15 _潜规则：欲迎还拒

现在中国流行一个时髦术语：潜规则。许多读者对潜规则了解得不透彻，有人觉得它神秘莫测，有人觉得它卑鄙无耻。顾名思义，潜规则就是潜伏的规则，虽然没有明文规定，但是约定俗成，众人皆知，实际上起着很大的作用。

潜规则实质上属于正常显规则的畸变，要么是程度上有极端的改变，要么“穿个马甲”改变形式，把原本正常的道德法则、法律法规和管理制度变成个人实现自私目的的工具。因为人性难免自保和自私，所以无论在当代还是古代，无论在中国还是外国，无论在官场、演艺圈还是我们的日常生活中，潜规则都如同显规则的孪生兄弟，如影随形，躲不开，打不掉。

潜规则既违反显规则，给自己带来一些风险，又会给自己带来私下的好处。因此，人们对潜规则会暗中实行而不公开显示，可以做而不可说，可以私下说而不可公开说。

在接受记者采访时，《芝麻官悟语》的作者王敬瑞被问到怎么看待官场的潜规则。王敬瑞回答：官场存在潜规则，不要觉得它奇怪，很正常。我有一句话：“起步早、进步慢，必定中间有磕绊，其中道理很简单，不是客观是主观。”埋怨毫无意义。我适应潜规则但不顺从它。有些可以变，有些坚决不能变。

王敬瑞说得非常正确，对于潜规则，我们不能简单地拒绝或欢迎，必须结合实际，权衡利弊，分层对待。有些潜规则可以遵循而有些不可遵循，某个潜规则有时可以运用而有时必须拒绝，总之不能一根筋地完全顺从。

处在一般条件下，没什么特殊利害，我们要温和拒绝。而对于一些恶性较大的潜规则，我们更要拒绝。这样，我们虽然可能失去一些额外的收获，但是能保住自己的尊严和清白，也会赢得大家的敬重。

最近一段时间，关于演艺圈性丑闻的报道此起彼伏，社会反响强烈。实际上这在演艺圈已经是公开的秘密，不成文的游戏规则。这个规则就是女演员用身体向导演换取出演的机会，这看似投桃报李的道德行为，实际充满着自私和邪恶。

那些非常重视个人贞洁的女孩，会断然拒绝出卖肉体。而对于那些既没有后台又没有特殊资质的年轻女孩来说，如果迫切希望出演角色露个脸，又不太在意个人贞操，就会这么做。2009年，曾因出演《花样男子》而走红的韩国女星张紫妍自杀身亡，当时就被怀疑是因为娱乐圈不堪入目的潜规则。2011年她的遗书曝光，她生前被迫以陪睡换取工作的遭遇被公之于众。遗书详细记录了接待场所以及客人的职业，她被迫为31人提供了100多次性服务！

处在超常条件下，为争取特别收益，我们要坚决拒绝潜规则。有时潜规则只能给自己带来很小的名利，不值得你屈从它。一些潜规则严重违反道德甚至违犯法律，严重侵犯社会利益，虽然会给自己带来一些收入。但是，它也会给自己带来更大的危害，也要果断拒绝。

但是，碰到反常条件，有利无害，受小害赢大利，我们可以迎合利用潜规则。

网络上流传着一些潜规则，我选择列举如下：

1. 选对“头领”，站对队伍。

在单位里，有时会拉帮结派，自己要选择更有势力同时更爱惜自己的“头领”，以便获得保护和发展。

2. 对上级恭敬，准确定位自己，切忌越位篡权。

时刻摆正自己的位置，不该你过问的事不问，不该你做主的事不做主，不该你坐的位子不坐。和比你大的领导出行，记住一条：领导坐了我再坐，领导起身再起身，永远跟在领导后面走。

3. 少说话多办事。

你不开口，人家就不知道你在想什么，这就叫城府。何况言多必失，说多了往往会说出乱子。所以，能不说就尽量不说。

4. 推过揽功。

可能惹麻烦的命令尽量让秘书传达，肯定落美名的亲自下达。这样，一旦麻烦来了，自己可以推得一干二净。当然，保住自己后，可以利用权势搭救秘书。

5. 事不关己，高高挂起。

现在社会很复杂，一旦多事说不定会惹上什么麻烦，吃不了兜着走，所以还是各扫门前雪为好。

6. 遇到难题，不求无功，但求无过。

面对复杂的事情不要忙于表态，或者假表态，模棱两可，看似表了态其实没表态。这样做，有时可能会失去好处，但是肯定能避免带来坏处，总体上看有利。否则，如果立即表态，也许以后对自己不利。

7. 对下级摆谱。

不要轻易接受低级别干部的吃请，因为无论商场还是官场都讲究规格，越难请的领导身价越高。随便接受低级别干部的吃请，有损自己的身价；多拒绝低级别干部的吃请，则能显示自己身份的尊贵，获得下级的敬仰。自己有私事也要让下级来找你，切忌主动上门。时刻保持高姿态，才会收服下级。

由上可见，这些潜规则没什么神秘的，也未必邪恶，其中一些不过是一种制度和礼仪，你完全可以遵循。

在日常生活中，人们也会碰到潜规则。高明刚从美国留学回来，这天参加一个同学聚会。埋单时，高明和大家一样纷纷抢着付钱，奇怪的是，服务员单单收了高明递过去的钞票。

回家路上，高明觉得事情蹊跷，便问同学兼朋友大刘：“你说那么多人埋单，为什么偏偏收我的钱？”大刘哈哈笑道：“难道你没发现只有你掏的是现金，他们掏的全是卡呀！”原来如此，这不是显得自己太单纯嘛！高明有点儿懊恼，一心想把这面子讨回来。

到下次同学聚会埋单时，高明多了个心眼儿，故意也掏出了信用卡。服务员真给高明面子，别人的卡不要，偏偏又把他的卡给收了。事后，高明沮丧地问大刘个中原因。大刘笑着解释：“同学们拿出来的是普通信用卡，谁知道是不是还有透支额度呢？你拿的可是能透支十万元的金卡啊，保证没问题！”高明又傻眼了。

过了几天，高明主动邀请这帮同学。这次，高明学乖了，特意挑了一身寒酸的衣服穿上，显得自己贫穷，还把自己的金卡换成了普通卡，心想这下服务员绝不会要自己的钱了吧！可事与愿违，埋单时服务员还是认准了高明的卡。

回家的路上，看着高明一脸懊丧，大刘都快笑死了，主动解释：“今天在座的哥们儿，个个穿得光鲜，显得很有地位和权势。这么高档的酒店，就你一个人这身寒酸打扮，服务员一看就知道你是揣着钱请客求人办事的。服务员很懂其中的潜规则，如果不收你的钱，成全了你的心意，还害怕你生气呢！”高明感慨地说：“我留学美国多年，没能跟上国内形势的发展，变成傻子了！”

第三章

这么做很美

为人处世要遵循“美、真、善”这三个道德法则，其中美观处于首位。美观要求展现自己良好的形象，刺激他人，进而影响双方关系。本来，美观法则包括要求自己美丽和容忍他人丑陋两方面，但在这里我们主要论述前者。

在今天，美观已经成为体现一个人的文明素质乃至社会地位的重要因素，像一张活生生的名片，直接影响着个人的人气与人脉。当然，身处复杂的社会，我们无法做到完全美观，只能尽量美观，碰到少数特殊的事情也可以丑陋一把。美观只是手段，而非目的，只有效益才是真正的目的。为美观而美观属于小美观，为效益而美观乃至丑陋才是大美观。

美观包括洁净、文雅、知耻等具体法则，每个具体法则都有一些技巧，同样值得重视。

1 _要洁净，不要洁癖

我们都知道应该讲究个人卫生，保持面容干净、服饰整洁，而公共卫生同样需要大家维护。平日在社区和单位里，我们应该做到基本的文明，注意遵守常规的卫生规范，比如在公共场合不抽烟、不乱吐痰、不乱丢垃圾等。做到了这些，别人就会认为你是文明人，就喜欢亲近你；反之，你就是不文明的人，会遭到众人讨厌。

有些人觉得抽烟、扔垃圾是自己的自由，自己想怎样就怎样，这实在荒唐。你在家里怎么折腾都无所谓，但是到了公共场合，这就不再是你的私事，而成为关系到大家切身利益的事情，必须尊重其他人的感受。

听说有这么一件事。小王大学毕业后找过许多工作，不是嫌辛苦就是嫌钱少，都不满意。后来，好不容易通过托关系联系到一位退休的老局长，答应帮他进入供电局工作，这可是一份许多人梦寐以求的工作。

到拜见老局长这一天，小王浑身上下收拾得很是干净利索，高高兴兴地提着重礼出门了。走到半路，小王见时间还早，就在马路边的椅子上坐下，一边吸烟一边吃东西，瓜子皮和橘子皮以及包橘子的小塑料袋扔得满地都是，一片狼藉。一阵风刮过，垃圾四处飘散。

一位四十多岁的环卫大姐实在看不下去，说：“小伙子，今天有风，麻烦你把垃圾扔到旁边的垃圾桶里，好吗？”小王满不在乎地说：“环卫局雇用你们，不就是让你们打扫卫生的吗？要是都把垃圾扔到垃圾桶里，你不就失业了吗？所以，你还得感谢我。”大姐见他如此强词夺理，气愤难平，二人争吵起来。这时一个路过的老年妇女也指责小王：“你年纪轻轻，怎么这么没素质？”小王见她穿得不怎么样，断定没什么来头，马上回嘴：“你狗拿耗子管什么闲事？”老妇人气得脸色通红。

眼看看热闹的人越来越多，小王赶紧离开。赶到老局长家里，小王送上重礼，又殷勤伺候，老局长非常高兴，说：“你工作的事情就这么定了，明天去单位报到吧。”小王千恩万谢，刚要离开，突然一个老妇人打开门走了进来，看到小王一愣。老局长介绍：“老婆，他是小王……”老局长还没说完，老妇人就冷冷地说：“早就认识！他刚才在马路上乱扔垃圾，还辱骂环卫大姐，我说他一句，他还说我狗拿耗子。”小王的冷汗唰地就下来了，刚想道歉，却见老妇人冲着老局长骂起来：“人家的工作你管什么，狗拿耗子多管闲事！”

小王的工作就这样泡汤了。据说，他以后变得非常文明。世界有时非常小，事情有时非常巧，请大家一定要做文明人啊！

处在特别有利的超常条件下，我们必须非常讲究形象。针对一些重大的文明规范，例如不随地大小便，不用我多讲，大家都知道要严格遵守，否则会遭到严重的鄙视乃至重罚。

良好的外表形象，在求职的时候也很关键。这时候，招聘者和应聘者初次相见，没有什么感情，一点儿小毛病也会被放大。因此，要把小事当成大事办，力求表现得十分干净利落。

1960年美国总统大选，电视第一次转播了总统候选人尼克松和肯尼迪的辩论。事前，负责电视转播的休伊特建议尼克松化妆，但是尼克松听说肯尼迪没化妆，就武断地拒绝了。可是他没想到，在电视镜头里，两人形象差别甚大，肯尼迪英俊潇洒，镇定自若，而尼克松面有菜色，汗流浃背，看上去疲于应付，两人的形象高下立见。而很多听收音机的人只根据辩词判断，认为尼克松占了上风。两人的形象超过言论，最终决定了大选的结果，肯尼迪获胜，尼克松落败。肯尼迪遇刺之后，休伊特为其制作了一个特别的节目，并邀请尼克松参加，当年曾被他回绝的化妆师为他化妆。触景生情，休伊特说："如果四年前您接受化妆，您本应成为总统。"尼克松调侃道："是啊，不过那样一来，我现在也死了。"

尼克松说的是玩笑话，其实他也后悔当初没有化妆。化妆在平时没多大用处，但是在特殊时刻就管大用，因为它直接决定了个人形象。

如果处在有害的反常条件下，我们可以放弃整洁和文明。例如，发型有一点儿乱，衣服上有一个污点，没什么大不了的，你照样可以逛大街。走在大街上，忽然内急，难以忍受，迫不得已寻个角落解决也无可厚非，活人不能被尿憋死嘛。城里人到乡下亲戚家做客，乡下一般不太卫生，城里人就应该凑合一下，不能挑三拣四。

美国著名总统林肯有一次乘船视察各地，登船后，他与船员一一握手。一位加煤工腼腆地缩着手说："总统，我的手太黑了，不干净，不好意思和您握手。"林肯爽朗地笑着说："没关系，把手伸过来吧，你的手是为联邦加煤弄黑的！"在场的人都被感动了。一个小小的握手传递出大大的情谊，不干净的握手却反映出圣洁的灵魂。

爱因斯坦是举世闻名的伟大科学家，他醉心于科学研究，对衣着无心讲究。爱因斯坦刚搬到普林斯顿时，朋友见他头发蓬乱，而且穿着破旧的风衣走在街上，显得十分寒酸，就好心劝他买一件新的。爱因斯坦淡淡地说："没问题，我刚到这里，根本没人认识我。"一年后，这位朋友又遇见爱因斯坦，见他依然穿着那件旧风衣，不禁又好气又好笑，再次劝他买新的。爱因斯坦笑着回答："没事儿，反正这里的人都认识我了。”

爱因斯坦不注重形象，是因为他一心关注的只是无比重要的科学研究，令人敬重。不过，我们普通人不可效仿，邋遢的爱因斯坦显得高大，而邋遢的凡人则显得卑劣。

需要特别注意的是，我们可以追求干净，但千万别搞成病态的洁癖，否则既折磨自己，又折磨别人，苦不堪言。

古往今来，爱清洁爱到极致的人，恐怕首推元代大画家倪云林了，他家院子里的树都要每天清洗。仆人进山担泉水回来后，倪云林特意用前桶水煎茶，后桶水洗脚，因为他认为后面那桶被仆人的屁弄脏了。

一天，朋友徐氏来访，见识了他的洁癖后大开眼界，因此恳请留宿一天。看在以前自己曾住在徐氏家中的分儿上，倪云林同意了。不过，倪云林担心他不讲卫生，不时过来巡视一番，嘱咐几句。晚上，倪云林听到徐氏咳嗽一声，以为他吐痰了，竟然一夜没睡。天亮之后，他赶紧让仆人寻找徐氏的痰迹。仆人们找遍了整座房子，也没发现。倪云林大骂他们无用，然后亲自寻找，终于在梧桐树下找到一片颜色暗淡的树叶，视为徐氏昨晚的“罪证”，紧捂着鼻子命令仆人拿到三里地外扔掉，还让仆人反复泼水洗树，弄得徐氏十分惭愧，灰溜溜地走了。

倪云林因为有洁癖，很少接近女色。但有一次，他看中了一位歌姬，就把她带到家中留宿。倪云林怕她不干净，要她洗澡，洗好了又摸又闻，还是认为不干净，要她再去洗，洗来洗去，天都亮了，他也没了情趣，只好作罢。

倪云林心高气傲，得罪了权贵，被抓进监狱。就是落到这步田地，他还是没有丢掉洁癖的毛病。每次狱卒送饭，倪云林都让他举得和眉毛一样高。狱卒问他为什么这样，他说：“怕你的脏唾沫沾到饭上。”狱卒勃然大怒，故意把他锁在粪桶旁边。不用说，倪云林差点儿没被熏死。

可见，我们都要清楚，追求干净是好事，但是过分追求干净就成了坏事。处身尘世，要做到绝对干净是不可能的，不要自己折磨自己。

2 _皇帝也粗鲁

打小父母和老师就教导我们要讲文明，要做一个文雅的人而不是粗俗的人。说是这么说，不过要做到恰到好处，不是那么容易的。

孔子说："质胜文则野，文胜质则史，文质彬彬，然后君子。"意思是，内里的质朴胜过了外表的文饰就显得粗野，文饰胜过了质朴就会浮华，表里协调如一，然后成为君子。由此可见，人们应该具备综合素质，分层对待文雅，不要单纯片面，该质朴就质朴，该文雅就文雅，该粗俗就粗俗，这样才是至大而非狭隘的文雅理念，才能始终利己。

处在一般条件下，我们要做到一般程度的文雅，不可粗俗。例如，坐有坐相，站有站相，走有走相，不可随便；同人交谈时态度要诚恳、亲切，声音大小要适宜，语调要平和沉稳，不要大声叫嚷，不说脏话；文明过马路，不闯红灯；上公交车排队等。

值得强调的是，一般条件下不要极端文雅，否则可能闹出笑话。传说，有个姓朱的财主，很讲忌讳，说话又文绉绉的。他对新来的小猪倌说："这里是大户人家，你要记住我家的规矩：我姓朱，但不准你叫我时带'朱'（猪）字，叫'老爷'或'自家老爷'就行了。要说文雅的词，不准说土话。我教给你，吃饭要说'用餐'，睡觉要说'就寝'，生病要说'患疾'，病好了要说'康复'，人死了要说'逝世'，但犯人被砍头要说成'处决'……"小猪倌熟记在心：

“老爷，我肯定记住您的话，不会让你失望。”

非常凑巧，第三天，一头猪得了猪瘟。小猪倌急忙跑来对财主说：“禀老爷，有一个‘自家老爷’‘患疾’了，叫它‘用餐’不‘用餐’，叫它‘就寝’不‘就寝’，恐怕已经很难‘康复’了，不如把它‘处决’了吧！”

财主气得干瞪眼，说不出话来。小猪倌又说：“老爷要是不想‘处决’这个‘自家老爷’，让它自己‘逝世’也好！”财主气得差点儿“逝世”，恨不得“处决”小猪倌。可见，平常生活中过分讲究文雅，有多么可笑！

处在超常条件下，我们必须非常文雅，切忌粗俗，也不可只做到一般程度的文雅。例如，同长辈交谈时通常要非常亲切恭敬，不要冷淡随意；同异性交谈切忌脏话等。

汉朝开国皇帝刘邦从小是个混混，不拘小节，傲慢放荡，而且不大读书，十分厌恶儒生。但是他善于随机应变，能粗俗时比谁都粗俗，该文明时比谁都文明。

在刘邦带兵路过高阳时，儒生郦食其前来求见。他一进大帐，赫然发现，刘邦正叉开两腿坐在床上，让两个女子给他洗脚。看到郦食其进来，他瞥一眼，也不打招呼。郦食其拱一拱手质问：“你是想帮助秦朝攻打诸侯呢，还是想帮助诸侯攻打秦朝？”刘邦怒斥道：“你这个小小的儒生！天下被秦朝祸害已久，我当然是率领诸侯攻打秦朝，怎么会帮助秦朝打诸侯？”郦食其回答：“既然你想聚合义兵诛灭暴秦，为何用这样傲慢的态度对待长者？”刘邦一愣，马上道歉，撤去洗脚盆，穿好鞋，整理整理衣服，拱手行礼，把郦食其请到上座，恭恭敬敬地讨教破秦策略，得以占据重要关口陈留。

刘邦前倨后恭，见势不妙立即改弦易辙，知错就改，不死要面子。只有具备这种大仁德大智慧，才会成就大事业，成为大人物。

民国大军阀张作霖土匪出身，自然不文明，常常骂人，但是他并非从里到外都粗鲁，对重用并有所依赖的王永江、杨宇霆从来不说一句粗话。有一次，张作霖和杨宇霆为一件事情争论起来，时间一长，张作霖生气了，说了“妈的”两个字。杨宇霆立即站起来质问：“你骂谁？”张作霖马上作揖赔罪，笑呵呵地说：“这是咱的口头话，一个不留神从嘴边溜出来了，不是骂谁。”如此待人，谁不舍命回报呢？

处在反常条件下，受到条件限制而无法文雅时，我们可以抛弃斯文，改换粗俗。

和一群粗人打交道，你就不能温文尔雅，否则会被大家视作另类而遭到排斥。在著名电视剧《康熙微服私访记》中，有这样一个情节。康熙到山东一个酒馆喝酒，仍然摆出一副正儿八经的样子，挺胸抬头，结果引得周围百姓都不再喝酒，一起瞪眼看他。宜妃娘娘偷偷告诉他，这里不是皇宫，不要摆架子。康熙这才回过味儿来，把腿往板凳上一搁，显得很随和，百姓们这才放下好奇心，一会儿就和皇帝套起近乎来。

2005年，电视剧《亮剑》横空出世，天不怕地不怕的主角李云龙成为许多人仰慕的偶像，不少年轻人对李云龙的粗鲁大感兴趣。其实，这除了有个人性格的原因外，还在于那是一个落后的年代，大家连肚子都填不饱，哪里顾得上什么文雅！再说，战争年代，生死搏杀把人们都变得凶神恶煞一般，没有几个文静的人，大家都粗鲁，也就显得不扎眼了。

时过境迁，现在的年轻人如果想学李云龙，开口老子，张嘴骂娘，举手打人，抬腿踢人，这就不是英雄，而是北极熊了。

3 _远色而不戒色，老和尚也可背美女

很多人纳闷，现在男女之间的交往相比以前已经很开放，但是仍然存在许多不可逾越的雷池禁地，为什么人类特别忌讳异性交往？其实，根子在于自爱对性欲的压制，从而形成羞耻感。

我们知道，人刚出生时没有自爱，只有食欲等原始需求，后来逐渐地从喜欢食物发展到喜欢自己，形成自爱。自爱如同需求统帅，压制和规范着单个的低级需求。比如，很多人一起吃饭时，自爱被激起，十分在意别人对自己的态度，就不会狼吞虎咽，而是优雅进食。一般少年时就已经对贪吃贪喝感到羞耻了，这样的人被大人戏称为馋猫。而一个成年人在餐桌上胡乱吃喝，不讲礼仪，会被他人看作是猪。

与此同理，到了少年时期，人的自爱已经非常强大，同时性欲急速勃发，冲击意志，引起自爱的警觉和抵制。自爱把性欲当作“入侵的敌人”来看待，极力压制，形成强烈的羞耻感。所以，少年人对性现象非常矛盾，既特别好奇想探索，又特别羞耻想掩盖。少男和少女的交际圈子也开始以性别来区分。

当然，随着性机能日益成熟，性欲日益强烈，性欲会逐渐被自爱接受，甚至构成其中的重要成分，从“敌人”变为“朋友”，继而成为“自己”，某些中年人会因为性能力衰弱而自卑。

在过去的几千年，大多数家庭的经济实力薄弱，吃饭都有困难，因此食欲和

自爱一起压制性欲，性欲如同后娘养的孩子大受歧视，所以说万恶淫为首。现在经济发达，文明进步，性欲的束缚得以减少，所谓饱暖思淫欲。现在的人衣着比较暴露，男女交往非常自由，在大街上勾肩搭背，大家都熟视无睹。

不过，自爱对性欲的规范始终伴随着人类，使性羞耻成为人类特有的文化观念，同动物完全本能地展现性欲形成鲜明的对比。一些人过分放纵性欲，聚众淫乱，袒胸露背招摇过市，就令人不满，人们视其为流氓行径。

像其他事情一样，异性交往也应该分层对待。处在一般条件下，人们都要对异性交往有所忌讳。

男人与女人交往，距离不可太近，不要接触身体，不宜在女人面前谈论性问题，不要讲黄色笑话，否则显得自己下流。对女性的要求更高，举止稍不注意就会给人轻浮之感，给自己招来非议。女性与异性交往不可热情过度，开放过度。坐要有坐相，站要有站相，坐下要求膝盖并拢，不可撩裙子。捡拾东西不可弯腰抬臀冲人，而应两腿下蹲，一脚前一脚后，或两脚交叉。

在酒桌上，喝酒之后意识都有些模糊，胆子变大，一些男人习惯讲黄段子助兴取乐。如果是熟人，都是男性，讲些黄段子也无所谓，但是如果有女性在场就要收敛。

在南方某地的一个机关里，新来了一位年轻漂亮的女财务科长，科室里几个老油条就有点儿想入非非。

一次聚餐，喝的是白酒，借着酒劲儿，老油条们说话越来越放肆，讲起了黄段子。看到女科长丝毫没有生气的样子，老杨胆子更大，讲了一个女人偷情的黄段子，并把主人公说成是一个年轻漂亮的女科长。说完，老油条们都不太敢笑，一起瞧着女科长，看她如何收拾局面。

女科长镇定自若，笑吟吟地举起酒杯说："我可不会讲什么笑话呀。这样吧，我敬各位一杯，谁不喝谁就是那个女科长的老公！"

老油条们都想给别人戴绿帽子，谁都不想给自己戴顶绿帽子，因此这杯酒就是毒酒也得喝下去。

他们刚放下杯子，女科长又举起酒杯："我再敬各位，谁不喝，谁的老婆就是那个女科长！"

老油条们心想，翻来覆去不都是绿帽子吗？只好硬着头皮又喝了下去。

只见女科长又端起酒杯笑着说："我还敬各位，谁喝了，谁不是那个女科长的老公！"意思还是那个意思，老油条们只得再次拼命喝下去。因为早就喝了不少白酒，这三杯下肚，几乎都要吐了，谁都没想到漂亮的女科长如此海量，如此"整人"。

女科长又倒满酒，刚要举杯，老杨连忙双手作揖："科长，求求您了，我们保证以后规规矩矩的。如果再犯浑，我就是那个女科长的老公。"老油条们一起点头称是，纷纷告饶，女科长这才作罢。从此之后，谁也不敢在女科长面前讲黄段子了。

处在特别有利的超常条件下，必须严格戒色。诚如古语所说，色字头上一把刀，必须小心提防。

在美国，社会对普通人的性绯闻不管不问，但是对官员要求严格，官员也极力避免与性丑闻沾边。1996年美国总统选举结束后，克林顿很放松，碰巧当时反对派控制的国会冻结了联邦开支，许多政府雇员被迫休假，白宫变得人员稀少。于是，克林顿大胆起来，和白宫实习生莫妮卡·莱温斯基相识，再调情，发展为情人关系。总统的丑闻虽然外界并不知情，但是对于总统身边的执勤人员而言属于公开的秘密。

秘密是人创造的，也就有人希望毁掉秘密。几个月后，纸里包不住火，美国媒体披露了克林顿的性丑闻，舆论哗然，纷纷谴责总统品德低下。克林顿被迫向全国发表讲话，向人民道歉，承认自己和莱温斯基有不正当的交往。共和党人抓住克林顿的小辫子，给他扣上刑事伪证罪的大帽子，提出弹劾。结果很侥幸，赞成票没过半数，罪名没有成立，不过还是把克林顿弄得颜面扫地，灰头土脸。可见，重要人物身上无小事，必须处处小心，野花可以看而不可采。

处在反常条件下，异性交往可以放弃忌讳，表现得大度些。

在某朝某代，一老一少两个和尚下山化缘，回来的路上经过一条河，旁边有一位妇女因河水太深无法通过而伤心难过。老和尚思索了一下，将妇人背过了河。过河之后，老和尚放下妇人，跟小和尚一起继续赶路。

小和尚一路都没有说话，快进寺庙时，终于忍不住问道："师父，男女授受不亲，而且和尚要戒色，你怎么背那个女人呢？"老和尚笑道："我早就把她放下了，你为何到现在还在心里背着她呢？"小和尚张口结舌。老和尚又微笑着说："救济众生，不分男女。"

老和尚不迂腐，我们世俗中人更要随机应变，不能拘泥于规矩。

在深圳"一吻救命"的少女刘文秀成为网络红人。2011年6月，刘文秀在事发地附近购物时，发现一名男孩站在天桥栏杆外，用一把刀抵着自己与警方对峙，喊着要跳桥自杀。眼看男孩越来越疯狂，随时有跳桥自杀的可能，善良的刘文秀就想救他。

当时，警方禁止其他人靠近这名男孩，刘文秀情急之下诡称是那个男孩的女朋友，警方才同意刘文秀接近他。在桥上，刘文秀和男孩沟通得知，男孩因为家庭不幸而对人生绝望，就不断安慰他。最后，刘文秀做了一个出乎大家意料的举动——她亲吻了这个男孩。男孩顿时蒙了，接着就想去搂刘文秀。趁着男孩注意力转移，警察冲过去把男孩从天桥栏杆外拉回来，男孩终于得救了。

在接受记者采访，谈起当时亲吻的动机时，刘文秀平静地说："他当时那么难过，那么信任我，我觉得自己真的就是他相依为命的女朋友。再说，人命关天，当时我只想着别让他去跳，顾不上想别的。能让他活下来，我好开心啊！"

为救人一命，刘文秀果断地抛弃异性忌讳，令人肃然起敬。现在，刘文秀在单位已经成为同事学习的榜样，深受好评。

4 _问候有技巧，称呼道道多

为人处世既需要那些重大的法则，也需要具体的技巧。技巧构成法则，失去技巧的法则就变成了空荡荡的东西，如果不掌握技巧，同样无法为人处世。

技巧往往同时涉及四个方面的因素，每个方面又分为两个层次，即亲热与冷淡的表情、积极与消极的接触、直接与间接的表达、具体与笼统的内容；另外，有些技巧的内容涉及肯定与否定、次要与重要等因素。四方面因素的不同层次组合成为许多种类的反应态度，例如亲热表情—积极接触—直接表达—具体内容，亲热表情—消极接触—间接表达—笼统内容等。

技巧服务于具体的人事，具体人事的价值变化大，因此技巧的变化也大，不可绝对化和固定化。当然，万变不离其宗，运用技巧同样遵从最高效益总则，必须根据不同的对象与条件选择不同的技巧及其各方面的因素。

下面说说礼仪。礼仪属于美观法则，是人际交往的首要技巧，往往约定俗成，显得非常标准，几乎固定了。但是，它也同样需要分层对待，需要根据具体的情况来变化，可谓礼仪之内有礼仪，这样才能做到在一切时候都不失礼，赢得好人缘。

有些人觉得见面打招呼很熟悉，自己天天做，没什么学问，其实大有学问，必须根据不同的情况采取不同的方式。

处在一般条件下要使用一般技巧，要亲切、主动并且直接具体地问候他人。

在问候的时候，态度不要冷冰冰的，而要亲切自然，面含笑意，注视对方的两眼，以示专心。通常的顺序应为“位低者先行”，即双方之间身份较低者主动问候身份较高者。

问候的用语是，先问好，再喊出对方的姓氏或职务，例如“您好，张科长”“你好，赵师傅”“你好，杨女士”。人人有这样的体会：被一些地位比自己高，或年纪比自己大，或跟自己并不太熟的人喊出姓氏时，内心会感觉特别高兴：“他居然知道我姓什么！”“他还记得我？看来他很重视我。”不过需要注意，切忌在一般条件下直呼其名，那样显得不尊重。另外，平时我们要注意打听对方的姓名和职务等，务必记准，切忌搞错，如果张冠李戴就会让对方恼火。

处在超常条件下必须使用超常技巧，要更加亲切主动，或者深化问候的内容。熟人经常见面，可以非常自然地问候，并用当时的条件作为话题来深化问候的内容，诸如“忙什么呢”“您去哪里”“几天没见到你，真想你啊”，以此替代直接而简单的“你好”。

如果自己非常高尚，或者置身于有风险的环境，可以殷勤问候他人。

在20世纪30年代，德国有个叫西蒙·史佩拉的犹太人传教士，非常慈爱，不摆架子。他每天都在乡村田野中漫步，无论碰到谁，都会热情地打招呼问好，其中有个叫米勒的农夫。

当传教士第一次向米勒道早安时，这个农夫丝毫不理会，像茅厕里的石头又臭又硬。在这个小镇里，犹太人和当地居民相处得并不好，所以米勒的这种反应并不奇怪。不过这并没有打消史佩拉的善意和勇气，一天又一天地过去，他持续以温暖的笑容和热情的声音问候米勒。

终于有一天，米勒被感化了，也回报以善意的问候。从此，每天早上，史佩拉会高声地说：“早安，米勒先生。”米勒同样高声地回答：“早安，西蒙先生。”这样的习惯一直持续到纳粹党上台为止。史佩拉全家与镇上所有犹太人都被送往纳粹集中营。

在集中营里，史佩拉远远地看到指挥官一会儿指向左，一会儿指向右。他知道发配到左边的就是死路一条，发配到右边的则还有生还机会，因此内心十分紧张。走近指挥官时，史佩拉的名字被叫到了，那个指挥官转过身来，两人的目光相遇了。

像几年来一样，史佩拉朝着指挥官说："早安，米勒先生。"米勒的一双眼睛看起来冷酷无情，但听到招呼时脸上的肌肉突然抽动了一下，然后也像几年来一样问候："早安，西蒙先生。"边喊边不自觉地点了点头。接着，他举起操纵命运的指挥棒指了指："右！"

接下来，良心被激起的米勒朝着许多犹太人高喊："右！右！"

史佩拉这个做人买卖实在是赚大发了，送出一句问候换回一条命。

如果处在反常条件下，可以使用反常技巧——冷静而间接笼统的问候。例如，领导问候下级，态度可以冷淡随意一些，可以直呼其名。两人刚刚打过招呼，分别不到半分钟又碰头，可以视而不见。否则，你再次问好，反而变成一种麻烦和打扰。要知道，虽然礼多人不怪，但实在太多人就怪了。再如，当你十分反感一个人，而且这个人对你没什么威胁时，可以冷淡问好，甚至视而不见、怒目相向。

如果处在混杂条件下，可以实行混杂的问候方式。例如，碰到一群人，可以先扫视众人算是间接问候，然后向当中领头的人直接问候，也可以向靠近自己的人问候。

当两个人初次接触，不知道对方的身份时，可以微笑并笼统地问候一句"你好"。当然，如果对方缠着绷带出现，你就不可说"你好"，而应关切地询问伤势。

当别人正在打电话时，你可以向对方微笑着点头致意，否则，出声问候就造成打扰。

值得强调的是，在问候技巧中，如何称呼大有玄机。从心理学上来看，称呼往往随亲密程度的发展而发展，当两个人的心理距离越来越近时，他们的称呼也会由头衔加姓变成昵称。

同他人初次接触时，一般条件下称呼他的头衔加姓，比如“赵厂长”“钱科长”“孙秘书”“李师傅”等。处在超常条件下可以直接昵称。有一个销售人员，每次见客户，他都懂得如何从称呼上拉近与他人的关系。如果对方是长辈，他会这样说：“赵厂长，我是小辈，以后就直接称呼您为赵叔吧！”如果对方是他的同辈，他就这样说：“钱科长，我以后就直接称呼您为钱哥吧。这样叫，您不会觉得过分吧？”这种称谓的变换，会一下子把双方的距离拉近，增强感情。

对于彼此没有直接隶属关系又比较熟悉亲密的人，一般条件下可以称呼“张哥”“王姐”等。当然，处在反常条件下，比如碰到一些虚荣心很强的人，一直喜欢听人家称呼自己的头衔，那就要顺从他的意愿。一些女人对年龄比较忌讳，不愿意无缘无故就被叫老了几岁，对她就不要随意叫姐。有一个女孩，新到一家公司，为了表示自己的尊敬，开口闭口就叫身边的一个同事“露露姐”，这个称呼本身是对露露的尊敬，可是在露露心里就觉得很不是滋味。女孩都很在乎自己的年龄，所以，每次听到这个女孩叫自己“露露姐”的时候，她都觉得很刺耳，她很想告诉这个女孩，自己和她是同年的，并不比她老！

企业的性质不同，称呼用语也有所不同。

在国有企业里，等级森严，最好以行政职务相称，如“张经理”“陈总”等，能表示对对方的敬重。等级观念较重的韩资、日资企业，一般也采用这类称呼，如“李课长”“韩社长”等。

在注重团队合作的企业、学习型企业及亲情色彩浓厚的中小型家族企业里面，等级观念比较淡化，大家以行政职务相称的情况比一般企业要少，互称姓名加昵称的情况较多，大哥大姐一大帮。

在由学者创办的企业里面，大家可能会根据创业者的习惯，彼此以“老师”称呼。这个称呼还适用于文化气氛浓厚的单位，比如报社、电视台、文艺团体、文化馆等。

在以氛围自由著称的欧美企业中，无论是同事之间，还是上下级之间，一般互叫英文名字，可以直呼其名，即使对上级甚至老板也是如此。如果用职务称呼别人，反而会让人觉得和环境格格不入。如果你在这样的公司工作，不妨也取个英文名字，融入集体。

面对刚被降职的领导，在几天之内可以延续以前的称呼，因为称呼通常有一定的惯性，就像我们称呼很多退休的老领导会带上他以前的职务一样。不过注意口气要和以前有所区别，显得有些迟疑勉强，显出你很为难、尴尬，不要很痛快。这样对方就能体会到，你内心对他还很敬重，不是戏谑。如果接替者和降职者在一起，那么你就要忌讳一些，通常以称呼降职领导现在的职务为好，以免新领导记恨。此外，如果降职领导一再说："别这样称呼我，我已经不是经理了，称呼我经理实在不合适。"这时，你就不要再坚持，而对方通常会告诉你一个新的称呼。

面对年龄比自己小很多的领导，如何称呼也有讲究。如果领导的职位特别低、年龄特别小，比如二十几岁的班组长，那么五十多岁的老员工的地位就显得高一些，可以称呼他"小王""小张"等。

但是面对三十几岁的经理、总经理或者二十几岁的大老板，老员工绝对不能称呼"小王""小张"什么的。否则，你的上司就感觉自己没有威信，有可能认为你是故意在同事面前摆资格："我是老资格，别看你们张口王总闭口张经理的，在我眼里都是小辈！"这无疑是找不自在，显得倚老卖老。在职场上，老总就是老总，员工就是员工，还是尽量忘记你的年龄优势吧。

5 _握手，给你生命的钻石

当我们迎接客人到来，和朋友久别重逢，社交场合突遇熟人，通常都要握手示好。握手有许多规则，但是每个规则都不是绝对的，既有定数也有变数，必须根据不同的条件进行调整。

关于握手的次序，一般地位高者先伸手。这是因为握手意味着比较亲密的接触，也算肌肤之亲吧，是否亲密由高位者决定。不过，这个规则同样要随着具体情况变化。处在一般条件下，男人和女人握手，女人先伸手；晚辈和长辈握手，长辈先伸手；上级和下级握手，上级先伸手；老师和学生握手，老师先伸手；主人和客人握手，主人先伸手。

处在反常条件下，以上的次序可以颠倒。例如，一家公司的女公关经理和生意伙伴公司的董事长相遇，后者处于高位，通常先伸手。但如果是在社交场合，大家在一块儿玩，不讲职务不讲头衔，出于尊重妇女的考虑，那就是这个女经理地位高，应该是她先伸手。

当客人和主人相会，一般条件下，客人刚来拜访，主人要先伸手，以表示欢迎。客人打算离开，通常是客人先伸手，意思是请主人留步，不必相送。如果主人先伸手，好像是催促客人离开，不礼貌。

还有一种特殊的情况，如果对方不应该先伸手而实际上先伸手了，你也要配合着握手，以免对方尴尬。如果你实在不愿意和对方握手，可以装作没看见，或者侧身低头摆弄随身物品。

由上可见，谁先伸手会随着人物身份和场合的变化而改变，只有以变应变才会始终适宜，显得自己富有教养。

除去握手的次序，用哪只手也有讲究。通常都是伸出右手相握，因为右手代表着高贵，而且大多数人都是“右撇子”；不过如果对方凑巧是残疾人，没有右手，你就得伸左手，而且要一次伸对。

握手要用全手，不可只用部分，不过特殊条件下可以只用手指头。有这样一段逸事。乌克兰著名诗人舍甫琴科出生在农奴之家，24岁时得到救助而获得人身自由。舍甫琴科才华横溢，却历经坎坷，因为他通过诗歌号召乌克兰脱离沙皇俄国的统治，坚决反对并痛斥封建农奴制度和沙皇制度，历来傲视权贵。

有一次，他在一家小酒店里遇见了一位权贵，便在一起闲聊了一会儿。分别时，那位权贵向他伸出一个手指头，高傲地说道：“我向地位相同的人表示敬意时，伸全手；比我低一级的人，我伸出四个手指头；最低的只伸一个指头。”舍甫琴科笑着说道：“我是个农民，没有官位，怎么办呢？先生，我给你伸半个手指头吧。”说完，他将大拇指夹在食指与中指之间，露出半个大拇指头，向权贵伸了出去。顿时，那位高傲得意的权贵变得十分尴尬，匆匆离去。

舍甫琴科运用的手势是俄罗斯民族特有的手势，表示对某人或某事的嘲弄和轻蔑，带有粗鲁和侮辱的色彩，一般情况下是不用的。而舍甫琴科此时此刻成功地运用这一手势，对那位权贵对他人格的侮辱予以有力的回击，就显得适宜正确。

握手的时间也有讲究。两手一碰就分开，时间过短，好像蜻蜓点水在走过场，又像是对对方怀有戒意；而时间过久，拉住初次见面者的手长久不放，就显得有些虚情假意，长时间拉住异性的手甚至会被怀疑为想占便宜，这些都欠妥。因此，一般关系的人握手以三五秒钟为宜。如果有必要显示热情，如分别多年的老友邂逅，也可握较长的时间，并上下摇晃几下。

关于握手还流传着一个美丽的故事。在一个圣诞节的前夜，一个三十多岁的男子来到一家珠宝店，在里面乱转悠，最后让女服务员拿出来一条手链，上面镶有7颗钻石。

“多少钱？”男子一边把玩手链一边懒洋洋地问。

“12万美元，先生。”女服务员回答。

“太贵了吧。”说完他把手链还给了女服务员，就忙着往外走。服务员把手链放回原处，这时她发现上面的钻石只剩下了6颗。她紧走几步，在珠宝店门口追上了男子。她没有愤怒地质问男子，而是伸出右手微笑着说：“先生，祝您圣诞快乐！”

男子明显震动了一下，也犹豫着伸出了右手，握住她的手，笑着说：“谢谢！”说完，转身走出门。姑娘感觉右手心多了个硬硬的小东西，钻石失而复得。

10年后的一个平安夜，还是在这家珠宝店里，一位40多岁的富商紧紧握住珠宝店女老板的手：“谢谢你，是你给了我自尊，给了我生存的动力！”原来富商就是10年前那个盗窃钻石的男子，而珠宝店女老板就是当年的女服务员。

在我们的生活中，给予他人一次简单的握手，就会让他收获生命的钻石——人格的尊严，改善他的命运！

6 _谈话的艺术与规矩

谈话有很多需要注意的技巧。

与人谈话时的距离有讲究，过远显得生疏随便，过近则显得有一定的侵犯性，要恰到好处必须分层对待。一般条件下，和熟人聊天，不宜与对方离得太远，以1~2米为宜；超常条件下，双方辈分和性别相同，关系也十分亲密，谈话的内容又比较机密，可以靠近对方说话，相距0.5~1米；反常条件下，和不熟悉的人聊天，距离一般是2~4米。

谈话的内容要小心选择，应该是双方都感兴趣的话题，不要只谈论自己感兴趣的话题，让对方插不上话。一般条件下，不要涉及疾病、死亡等不愉快的事情；反常条件下，如果对方有疾病，需要这方面的知识，就可以谈一下，对方通常会感兴趣。

一般条件下，谈话的表情要自然，语气要亲切；反常条件下，如果谈到愤怒的事情，可以表现出愤慨的样子，否则好像你在虚意应付。

说话时一般不要打手势，指手画脚也不雅观。不过在反常条件下，碰到重点问题可以适当打些手势以示强调，但动作不要过大，更不要手舞足蹈，不要用手指指人。

对人说话要养成轻声细语的习惯，说话声音低一点儿，说话速度慢一点儿，否则过高的声音会让对方耳朵不舒服，语速过快会让对方听不清楚。不过，处在反常条件下，重点内容可以声音高一些，情绪激动时可以语速快一些。否则，一直用一种腔调，就显得太呆板或城府太深，令人不快。

听人说话也有很多需要注意的地方。首先，态度要认真。你可以看着别人的鼻梁，这样对方会有错觉，以为你在看着他的眼睛，但又不是直勾勾地盯，就比较有礼貌，你自己也不会因为紧张而尴尬。通常不要看着对方的眼睛，否则对方会感觉不自在；不过在谈重点内容时和别人征求自己的意见时必须与对方对视一下，这会让对方感觉你在认真倾听。

如果不同意对方的观点，不要随便出言反对，也不要轻易打断对方，那样显得不尊重；但是如果对方喋喋不休、不断重复，鸡毛蒜皮的话一大筐，你可以打断他，对方知道是自己的错误，不会怪罪你。

倾听别人说话时，自己也要不时地予以反馈，以显示自己在认真倾听。如果对方一个劲儿地说，而你却没有任何反应，他会觉得索然无味，本来想说的话也不说了，甚至会认为你不尊重他。当然，反馈的次数不可过多，否则会破坏对方说话的节奏，令其感到厌烦。真正善于倾听的人，应该在不懂的地方问对方，对值得敬佩的地方拍案叫绝，把对他的话的感想表达出来。比如，对方说的时候，你应该说“哦”“我知道了”“原来这样”“有点儿意思”“到底怎么回事”等，这样能给对方继续说的动力。

胡雪岩很善于倾听。凡有智有谋之人，都喜欢别人向他请教，而他自己亦往往知无不言，言无不尽，因此不管对方的语言多么无味，胡雪岩都能做到一本正经，两眼注视着对方，仿佛听得很有兴趣。当然，他也是真的在听，紧要关头询问一句，补充两句，引申一下，使得对方认为遇到了知音，相见恨晚，自然成为至交。

谈话现场超过三人时，应不时地与在场的所有人攀谈几句，不要只与一两个人说话而冷落在场的其他人。也不要与个别人谈只有两三个人知道的事而冷落了别人。如所谈问题不便让旁人知道，应另找场合。当然，如果你的地位高高在上，可以不理会其他人，别人也不敢怪罪。

在谈话过程中，听话要听全，不要急于做出反应，否则容易误会。有一天，美国知名主持人林克莱特询问一名小朋友：“你长大后想做什么呀？”小朋友天真地回答：“我要当飞机的驾驶员。”

林克莱特有意考验他，就接着问：“如果有一天，你驾驶飞机飞到太平洋上空，却没有燃油了，你会怎么办？”

小朋友低头想了想，然后认真地说：“我会先告诉乘客绑好安全带，接着我挂上降落伞跳出去。”

在场的观众笑得东倒西歪，林克莱特却发现孩子好像委屈得要流泪，觉得另有隐情，于是追问：“你为什么要这么做？”

小孩的答案完全出乎大人们的意料：“我要去拿燃油，我还要回来！”

观众们报以热烈的掌声。

这就是听的艺术。听话不要听一半，否则容易把自己的意思强加到别人所说的话里面。

最后需要说明的一点是，谈话中遇有急事需要处理或需要离开，一般条件下，应向对方打招呼，表示歉意；不过，如果是很熟的朋友，而且很快就会回来，可以在谈话间隙自然离开而不必打招呼。

7 _幽默也有套路

为人处世离不开幽默。细心的人会注意到，凡是人脉广、人气旺的人，都是能说会道、幽默风趣的人，而整天一本正经的人基本没什么人气。

有些人认为，幽默牵强附会，不够庄重和文明。有时的确如此，但幽默绝不是胡说八道，低级下流，相反它能显示出高超的智慧和丰富的感情。懂幽默的人都是聪明人，情绪“水灵”的人；不幽默的人都是迂腐的人，情绪“干枯”的人。

当然，运用幽默也要分层对待，见机行事。处在一般和超常条件下，我们应该正儿八经，而处在反常条件下，可以幽默几下。

首先，要注意对象，注意双方的关系。对于上级，一般不适合幽默；但是对于关系亲密或心胸宽广的上级，可以适时搞点儿幽默，以活跃气氛，加深印象，会受到上级青睐。

其次，要注意场合。如果在严肃庄重的场合，必须一本正经，不可随便幽默，否则会被视作随便和不恭。而同事们、朋友们私下聚在一起，说个笑话，做个鬼脸，就如同饭菜中的酸辣调料，能给平淡的交往增加特别的乐趣和色彩，在嬉笑怒骂中拉近感情，在诙谐荒诞中增长人气。如果总是像和尚打坐，容易被视为呆板、迂腐、顽固、不通人情，大家对你就会敬而远之。

科学家给整个人类带来了光明和前途。他们不仅具有非凡的智慧，而且具有高度的幽默，不是我们想象的象牙塔里面的书呆子。我特地搜集了一些故事，以便我们瞻仰大师们的“另类”风采。

达尔文应邀赴宴，恰好和一位年轻美貌的女士坐在一起。“达尔文先生，”这位美人以戏谑的口吻向科学家提出疑问，“听说你断言，人类是由猴子变来的。我也在你的论断之列吗？”“那当然了。”达尔文彬彬有礼地答道，“不过，您不是由普通猴子变来的，而是由长得非常迷人的猴子变来的。”

牛顿有一次写信给他的朋友洛克，毫不留情地批评了他的著作。在收到洛克极为不满的回信后，牛顿复信说：“我记得我给你写过信，但不记得信里对你的书说了些什么。请你把信抄给我，我将尽可能加以解释。当时，我由于经常坐在炉火旁，所以不能控制自己的肝火。”

富兰克林刚发明避雷针后，参加一个聚会，向大家介绍避雷针。一个阔太太问：“可是，它有什么用呢？”富兰克林回答道：“夫人，新生的婴儿又有什么用呢？”

有人请求爱因斯坦用最简单的话解释清楚他的相对论。当时，据说全世界只有两三个高明的科学家看得懂他关于相对论的著作。爱因斯坦说：“比方这么说，你同你的恋人坐在火炉边，一个钟头过去了，你觉得好像只过了5分钟；反过来，你一个人孤单地坐在热气逼人的火炉边，只过了5分钟，你却像坐了一个小时。这就是相对论。”

一天，爱因斯坦在冰上滑了一下，摔倒了。身边的人忙扶起他，说：“爱因斯坦先生，根据相对论的原理，你并没有摔倒，对吗？只是地球在那时忽然倾斜了一下。”爱因斯坦说：“先生，我同意你的说法。但是，这两种理论对我来说，感觉都是相同的。”

我发现，幽默也是有方法可以学习的，比如废话实说、程度夸张、否定式联系、强行联系、出人意料、细化数量、模糊表达等。

第一，废话实说。

（1）某人在临近午饭时间时被问：吃什么饭呀？答：午饭。问的本来是饭菜的种类，回答的人却故意装糊涂。

（2）两人同在青岛一家工厂上班。问：下班后到哪里玩儿啊？答：青岛。

（3）别人炒菜后请你品尝，你说：菜炒得真好——熟了！

（4）别人问：你往哪里去？回答：到我前面去。

第二，啰啰唆唆。

（1）对方问现在是什么时间，你可以回答：公元后2007年7月3日11时52分3秒、4秒、5秒……别人追问：到底什么时候？你回答：嘘，不要打扰我，我正在认真观察——9秒！

注意，表演时要严肃，一本正经。

（2）对他人问候，先说“请问，我可以问你一个问题吗”，等对方肯定地回答后，再说：“这个问题就是，我可以向你问好吗？”

第三，投机取巧。

（1）同事见面不必重复说“你好”，可以说“我好”，不等对方反应过来就接着说“你也好，你更好”。或者回答他人的问好说：“不好，我最近经常被别人打扰。”

（2）对于他人的感谢不必说“不客气”，可以说“谢谢你谢我”。

（3）他人说“对不起”，回答“小意思，对得起”。

（4）等待他人时可以说“我可以等，等你一万年”，这容易让人想起周星驰的“爱你一万年”，从而引起遐想。

（5）他人斥责你“脸皮真厚”，可以回答：你眼睛真瞎。自从盘古开天辟地以来，本人脸皮最薄了，都快没有了。

（6）他人斥责：你真笨。可以回答：你真聪明，竟然看出我笨。或者回答：故意的，为了显示你聪明。

（7）受到他人批判可以说：你的话就像刀子挖我的心，我的心在往外流血——从心脏流向血管。

（8）夸奖他人时不忘记捎带自己：你真聪明。我以前认为我是天下第一聪明人，现在看来我只能是天下第二了。

（9）请他人吃饭：为表示感谢，请你吃饭。对方问：吃什么呀？你回答：包子。对方：太小气了。你回答：此包子非彼包子，天鹅肉做馅。对方说：太好了。你回答：如果不怕成癞蛤蟆，请放心大胆吃。对方会感到又好气又好笑。

（10）你正在打盹儿，一位美女过来惊醒了你。你说：我刚在梦里娶了个媳妇儿，你一来，把她吓跑了，你说怎么赔偿我？平凡生活中，些许暧昧的语言也许会荡起情感的涟漪。

（11）普通员工经常戏称一些特别的同事为领导，你可以说“我是被领导”。

（12）自己玩点儿小花样，对别人吹嘘：我很优秀，对吧？别人碍于情面，会顺口说：你很优秀。接着你说：你说得一点儿不错，你很有眼力。对方刚要反驳，你接着说：我知道你这个人一向真诚，表里如一，嘴上说的都是真心话，不是那种口蜜腹剑、两面三刀的人。

这话名为表扬他人，实为提高自己，对方保证忍俊不禁，笑出声来。

第四，程度夸张。

（1）感谢他人时说：非常感谢，祝阁下万寿无疆。“万寿无疆”以前可是对皇帝说的。

（2）夸耀他人说：阁下非常聪明，快赶上神仙，成魔鬼了。

（3）对方问：我这件新衣服漂亮吗？回答：漂亮，非常漂亮，比人还漂亮。这时你会看到对方的表情由欣喜转为尴尬，十分滑稽。

（4）你非常悲伤地说：我今天太不幸了，第89次失恋了！对方：啊？！对方难以置评，因为虽然失恋是痛苦，但89次失恋意味着有89次恋爱，是幸福。巨大的悲伤混合着巨大的快乐，很刺激，很邪乎。

（5）成功时大声说：我站在地球上向宇宙宣布，我成功了！

第五，否定式联系。

（1）夜晚下班，可以跟异性同事开玩笑说：再见，祝你做个好梦。等对方致谢后，接着说：千万别梦到我。

（2）聊天吹牛可以说：本人缺乏远大志向，不想做国家主席，更不想做神仙。

（3）看到别人拿着好食品，就说：你千万别让我，我不吃。

（4）帮别人小忙后，说：不用请我到五星级酒店吃鲍鱼海参，其他酒店就行。

第六，强行联系。

（1）看到同事表情悲伤，可以说：本人代表联合国主席慰问你。

（2）对方批评：你太恶劣了，不是人。你回答：你说得对，我不是人，是神仙。

（3）在这里，作者本人涮自己一把：自我介绍一下，本人刘尚东，刘罗锅的刘，花和尚的尚，不是个东西的东。

第七，出人意料。

（1）有人说：我这个人实在，不会吹牛，请问怎么吹牛啊？回答：第一步先找头牛。

（2）服务员说：再见，欢迎下次再来。反问：如果不来还欢迎吗？

（3）对方在吃鸡腿，你可说：呀，吃鸡腿啊。请问，吃的是公鸡腿还是母鸡腿？

（4）对方身上有老虎刺青，可以说：这只老虎真漂亮，请问是公老虎还是母老虎？请注意，如果对方是女人，就需要斟酌一番再问。

上面的寥寥数语，妙趣横生，一句幽默话，笑倒千万人。套用一句名言，生活中并不缺少快乐，缺少的是发现和制造。

8 _饭局上飘着人情味

饭局之上，除去饭菜的美味，还飘荡着人情味，可谓别有滋味。饭局从来就是中国人不可或缺的一种交际方式，是联络感情的媒介，是办事的工具，所以我们不可轻视。

千百年来，人们在摆席设宴中形成了一整套纷繁复杂的礼仪。当然，规矩是死的，而人是活的，酒席上的言行也要根据条件的变化而变化。

选择什么人赴宴有讲究。一般条件下，老同学之间的聚餐，男人是不能带着女朋友去的，同行之间的饭局是不能带着行外的人去的，企业之间谈判的饭局是不能带着自己的家人或者朋友去的。另外还要注意，自己邀请的人之间不要有过节，否则喝起酒来容易发生冲突。

饭局的档次不仅仅取决于请客者的地位和层次，而且取决于所要商谈之事的轻重。越重要的事情，饭局的档次也就越高，得选择大酒店；而非功利性的朋友聚餐，可以选择小馆子，以其随意性显得关系亲密。

约定好赴宴时间之后，一般条件下，主人要先到，以安排菜肴和客人的座位。地位低的要早到，而地位高的可以晚到一些，让别人等自己，这样显得自己尊贵。不过，如果地位高的人自己是请客的主人，或者和主人交情深，或者特意显示自己谦虚热情，也可以早到。

如果你是客人，你不宜在点菜时太过主动，而要让主人来点菜。如果对方盛情要求，恭敬不如从命，你可以点一个不太贵大家又不忌口的菜。不要忘记征询他人意见，这样大家都感觉被照顾到了，自然喜欢你。如果菜主要是你点的，点菜之后你得征询下大家的意见："我点的菜不知道是否合大家的口味，要不要再来点儿其他的什么？"这样大家都会佩服你。

作为主人，点菜时一定要心中有数。第一，看人员组成。一般来说，人均一菜，如果男士较多可适当加量。第二，看菜肴组合。一般来说，有荤有素，有冷有热，方为合理。如果男士多，可多点些荤食；如果女士多，可多点清淡的菜。第三，看宴请的重要程度。若是普通的商务宴请，不用点太贵的菜；如果是宴请重要人物，则要点上几个名贵菜，以示尊敬。此外，必须考虑来宾特别是主宾的饮食禁忌。例如，宴请外宾时，尽量少点需啃食的菜肴，外宾不太会将咬到嘴中的食物再吐出来。

酒桌上的座位安排同样很有讲究。一般条件下，主人之位应当面对餐厅正门，主宾一般应在主人右侧之位就座。

美味佳肴上桌后，如何吃喝也有规则，比如不要发出很大的声音，别人夹菜时不要转动桌子等，这在一般条件下都要遵守，而在反常条件下可以背弃。例如，十分亲密的人聚餐可以大口咀嚼，不必在乎声音的大小。一个人老是吃一种好菜，被主人和大家厌恶，你可以在他夹菜时转动桌子，借此提醒。

在酒桌上往往会遇到敬酒的现象，有的人总喜欢把酒场当战场，想方设法劝别人多喝几杯，认为不喝到量就是不实在。以酒论英雄，对酒量大的人还可以，酒量小的就不合适了，有时过分地劝酒会将原来的友情完全破坏。我们不时会在媒体上看到这样的消息：一个人酒后回家，中途出事，同桌劝酒者被告上法庭，惹来一身麻烦。当然，对酒量大同时开车来的人也不要随便劝酒，除非他声明有人代驾；如果没有代驾，你还想让他喝酒，可以专门找个司机或安排就近住宿。

敬酒时，可以多人敬一人，决不可一人敬多人，除非你是领导或长辈，地位很高。

碰杯时，一般让自己的酒杯低于对方的酒杯，以示你的尊敬。如果你是领导，可以把酒杯抬高；在反常条件下，如果领导有求于下属，可以特意把酒杯放低，高抬他一下。

敬酒和倒酒一般都要有个始终如一的顺序，要从身份最高的喝酒者开始，依次降低，不好控制的话就按顺时针来。如果自己和其他人不是很熟悉，也可以只对熟悉的人敬酒。

敬酒时往往会说些祝福的话，这个更需要考虑对方和自己的关系以及当时的场合。如果向长辈敬酒，可说“祝您福如东海，寿比南山”；对方是生意人，可说“祝您吉星高照，财运亨通”；如果向领导敬酒，可以说“我把领导对我的关怀化作这杯薄酒，敬请干杯”，或者说“为了表达我对领导的感谢，敬您杯酒。我干了，您随意。谢谢”，或者说“感谢领导这几年对我的关怀，我先干为敬”；如果对方帮过你大忙，可以说“再次感谢您的帮助”。

最后还要注意一点，自己要尽量等主人宣布散席后再离开。如果确有急事，中途可以离开，但一定要向主人说明、致歉，不可别人一不注意就不见了。如果你知道主人不会允许，而且事情的确很急，那么可以果断地偷偷溜走，然后发个短信解释一下。

饭局上也会发生一些感人的故事。1896年，李鸿章出访德国，与“铁血宰相”俾斯麦相会。

在欢迎宴会上，侍者为每位客人送上一杯白开水。李鸿章当时正好口渴，见有白开水，遂举杯一饮而尽。殊不知，这竟闹出了一个笑话，因为依照西方习俗，那杯白开水是供客人吃过水果后洗手用的，而李鸿章竟然把它喝到肚子里。

李鸿章此举，让众人目瞪口呆！大家都看俾斯麦如何收拾场面。只见俾斯麦微笑着看看李鸿章，也迅速端起那杯白开水，向大家示意一下，然后一饮而尽！

大家明白，他是怕李鸿章因误饮洗手水而难堪，意在解围啊！于是一起喝下洗手水。

这件小事显示出俾斯麦这个“铁血宰相”强悍作风之下的善良一面，为照顾客人面子而不惜自己失礼。也许李鸿章始终不知道这件事情的真相，但是，西方史学家却记下了这个精彩瞬间，称为“俾斯麦的敬礼”。

第四章

我不是教你诈

1_有时候，弄虚作假也可敬
2_你可以不守信，如果身在特殊环境中
3_模糊与清晰——承诺的两面
4_有时扬短也有利
5_用错误赢得奖赏
6_尴尬之时巧找台阶下
7_半真半假好做人
8_天上掉的不是馅饼，是陷阱

真诚属于三大道德法则之一，本来包含严格要求自己真诚和宽容他人虚假两方面，在这里主要论述前者。

真诚是无形的力量和财富。不过，是否真诚必须受到最高效益总则的支配，我们要尽量真诚而不是不分情况地一味真诚，碰到大多数正常的事情就真诚，碰到极少数的非正常事情就虚假。只有效益才是根本目的，真诚只是手段，一味真诚就是把真诚当作了目的，是狭义的小真诚，只有真假搭配、虚实结合才是大真诚，才会左右逢源。

真诚包括诚实和守信两个具体法则，还包括文过饰非、圆场等技巧。

1 _有时候，弄虚作假也可敬

我们知道，信息可以分为有利、有害和中性三种类型。人们对于没有利害关系的中性信息都会如实交流，对有利于自己的真相都会坚持，对于己不利的假象都会反驳，这是人之本性，无所谓真诚不真诚。如何处理于己有害的真相和有利于自己的假象，这才是考验一个人是否真诚的地方。

处在一般条件下，我们应该承认有害程度较小的真相，否认好处不大的假象。

当我们犯下不大的错误，做下不太光彩的事情，要立即承认它，不否认不隐瞒，这看起来会损失一些名利，但是我们会获得他人的称赞和信任，得大于失，总体上是赚了。

有一个郑板桥考衙役的传说。郑板桥刚到范县上任，衙役们都来讨好献殷勤，弄得“糊涂教主”真的糊涂起来，分不清谁是真正的老实人，就想设法试探。有一天，郑板桥对全体衙役说：“后衙花园里打算养花，每人发给十粒花籽，一月后我要检验花苗，看谁种得好。”说罢，亲自把花籽发了下去。一个月后，郑板桥来验花苗，多数衙役的花苗长得很好，只有几个衙役的花籽什么也没长出来。这几个衙役赶紧请罪，岂料，郑板桥笑着说："你们无罪，别人有罪。其实那些花籽都是炒熟的，根本不会长出苗，我是故意考你们，看谁诚实！"这一来，那些本来没有种出花苗却拿着花苗来交差的衙役都慌了，忙跪下请罪。从此，衙役们知道这个老爷有鬼心眼儿，不可糊弄，都认真工作起来。

人人都喜欢任用真诚的人，讨厌虚假的人。要想得到领导和别人的信任，自己必须真诚。

处在超常条件下，为保住重大价值，我们应该非常真诚，承认重大而有害的真相，否认重大而有利的假象；或者，用极其积极的态度和极其具体的内容，承认微小而有害的真相，否认微小而有利的假象，这也显得非常真诚。否则，隐瞒有害的真相会遭受更大的损害，利用有利的假象会失去更大的好处，适得其反。

如果一件事情危害到社会大众，那么即使付出再大的代价也要公开。要知道，纸里包不住火，真的假不了，假的真不了。美国著名总统林肯说过："最高明的骗子，可能在某些时刻欺骗所有人，也可能在所有时刻欺骗某些人，但不可能在所有时刻欺骗所有的人。"

三鹿奶粉掺加三聚氰胺之事，其实三鹿公司早就发现了，却迟迟不承认，反而百般遮掩狡辩，最后被媒体捅出来，天下哗然，结果企业破产，老总被抓。三鹿公司的老总与美国的亨利·霍金士比起来不仅是邪恶，而且是愚蠢。

20世纪初，在食品中添加起保鲜作用的防腐剂是食品行业的惯用做法，消费者对此也是坦然接受，觉得没什么危害。1902年，一次偶然的机会，美国亨利食品公司的总经理亨利·霍金士先生从化验鉴定报告单上发现，添加到食品中的防腐剂有毒，如果长期食用会对人体产生危害。他知道，如果将这个报告公之于众，会引起同行们的强烈反对。考虑再三，出于对消费者负责的道德感，他还是毅然向公众宣布：防腐剂有毒，对身体有害。这下子像捅了马蜂窝，遭到所有同行的攻击，经历四年苦苦的挣扎，亨利公司濒临倒闭。

关键时刻，亨利的做法首先得到美国政府的支持，在1906年出台《纯正食品与药品法》，以法律形式禁止在食品中添加防腐剂。这一下让亨利公司家喻户晓，一个能冒着倒闭的风险将真相告知消费者的企业，还有什么让人不放心的呢？亨利公司在很短的时间里就恢复了元气，并一举登上美国食品加工业第一的宝座。

有时候，必须否认有利的假象，因为真诚同样能让自己获利，或者避免假象背后的陷阱。

北宋词人晏殊，不仅富有才华，而且非常真诚。十四岁时，他作为神童被举荐给宋真宗，与来自全国各地的千名考生同时参加殿试，他从容应试，援笔立就，受到宋真宗的喜爱，被赐予同进士出身。在复试中，晏殊发现试题是自己十天前刚做过的，就如实向真宗报告，并请求改换其他题目。宋真宗非常赞赏晏殊的诚实，就给了他一个可以继续深造的官位。

晏殊当官时，正值天下太平。空闲时，京城的大小官员经常到外面吃喝玩乐。晏殊家贫，没钱出去凑热闹，只好在家里和兄弟们读书写文章打发时间。有一天，宋真宗提升晏殊为东宫官，辅佐太子读书。大臣们惊讶异常，不明内情。真宗解释说：“近来大臣们经常到外面游玩宴饮，只有晏殊闭门读书，如此自重谨慎，正是东宫官合适的人选。”晏殊谢恩后澄清说：“我其实也喜欢吃喝玩乐，无奈贫穷缺钱。如果我也有钱，早就和大家一样宴游了。”

这两件事，使晏殊在群臣面前树立起了信誉，宋真宗也更加信任他了。可见，抛弃有利的假象，同样可以获得巨大的利好。

美国加利福尼亚州的克帕尔饮料公司招聘员工，有一个叫马布里的年轻人来到办公室面试，因为缺乏信心，在等待中很是忐忑不安。

这时，一个衣着普通的老人走了进来。他盯着马布里看了好大一会儿，然后冲上去握住他的手，激动地说：“我终于找到你了！太感谢你了，上次要不是你在中央公园把我女儿从湖水里救上来，我女儿可能早就没命了。”马布里知道老人认错人了，就立即澄清：“先生，您肯定认错人了。不是我救了您女儿。”“就是你，不会错的！我记得那个年轻人脸上有一颗痣。”老人又一次肯定地回答，接着说，“你来这里是想找工作吧？正好我和老板是朋友，只要我说句话，你肯定能应聘成功。”

听到这话，马布里心里一动，自己真的需要这份工作，但真诚还是让他说了实话：“先生，真的不是我，您说的那个公园我至今还没有去过呢！谢谢您的好意，我会自己争取得到工作。”

听了这句话，老人松开手，失望地看着马布里：“难道我真的认错人了？”马布里安慰他：“先生，别着急，慢慢找，一定可以找到真正的恩人。”

后来，马布里顺利通过面试，加入了这家公司。他认认真真地工作，不久就脱颖而出，成为市场开发部的经理。一次偶然的机会，他得知那个把他当作恩人的老人实际上就是公司总裁，他信奉一个法则——有德者才是有用者，因此故意编造故事来考察应聘者的品德。

总裁退休后，马布里坐上了总裁的位置。他总结自己的成功经验时说：“一个人一辈子做诚实有德之人，绝对能赢得别人永久的信任。”

的确，做人该做真诚的人，不可随便骗人。但是，处在反常的条件下，碰到一些负效益的事，我们可以抛弃真诚，玩一下虚假，否则会被人们耻笑为直肠子和一根筋。

同事新买了一件衣服，一脸欣喜地请你评价，如果你觉得不好看就说不好看，保证对方心里骂你瞎眼臭嘴加黑心，因此，应该违心地称赞好看。再比如，和竞争对手、敌人打交道，自然不能像对朋友一样真诚。你看三十六计里，多数是蒙人的。

如果为救人一命而撒谎，那虚假远胜于真诚。

曹操的小儿子曹冲不仅聪明，而且心地善良，小小年纪就善于助人。一天，他跑到马厩来看马，看见马倌伤心痛哭。原来，曹操的马鞍放在仓库里，被老鼠咬坏了。曹操一向爱惜东西，又喜爱这副马鞍，知道实情后一定严惩，或许会杀掉马倌。

曹冲知道怪不得马倌，决定帮他，于是嘱咐马倌："别怕，我去见父亲，听到我的咳嗽声，你再进去禀报马鞍被咬的事。"

曹冲回到自己屋里，用刀捣坏了自己的衣服，看起来就像老鼠咬过的样子，然后拿着衣服装出一副愁眉苦脸的样子去见父亲。曹操忙问："怎么了？"曹冲回答："我的衣服不知怎么被老鼠咬了，听说这事儿不吉利，所以忧愁。"曹操忙劝他："这是瞎说，你别信，没什么关系。"曹冲咳嗽两声，说："谢谢父亲。"

门外的马倌听到咳嗽声，就进来报告马鞍被咬坏的事。曹操笑起来："我儿子的衣服常穿，还被老鼠咬坏了，何况悬挂在仓库柱子上的马鞍。"他并没有惩罚马倌，尽管觉得马鞍被咬很可惜。

当自己的生命受到威胁，就应该掩盖有害的真相，编造有利的假象。有一个著名的故事。一支探险队在广袤无垠的沙漠里艰难前行，而队员们的水壶都没水了。在沙漠中，没水意味着什么，大家都很清楚，所以都没有精神走路。

在这危急时刻，队长把所有队员召集在一起，然后拿起一个水壶，坚定地说："我这里还有一壶水，我们还有希望在喝完这壶水之前走出沙漠，找到水源。不过只剩下这一壶水了，在走出沙漠之前，谁也不能喝这壶水，包括我在内。"

这壶水在队员中传开了，大家拿着水壶都感到沉甸甸的，果然还有水！因此希望重新回归，人人都有了力量。

终于，探险队走出了沙漠，大家喜极而泣，又不禁一起注视着那壶水，只见队长缓缓地打开壶盖，倒出满满一壶沙子。开始，大家惊呆了，然后高兴地拥抱队长，大声欢呼。

可见，有时候欺骗他人是既利人又利己的双重善事，显得既高明又高尚，而实话实说就显得既愚蠢又恶劣。

放眼社会，那些功成名就的精英人物都是虚实结合的，没有一个单纯片面地真诚，该虚假他们会毫不犹豫地虚假。

英国著名小说家毛姆在成名之前，生活非常贫困，虽然他出版了一部很有价值的书，但出版后无人问津。为了引起人们注意，毛姆想出一个鬼主意。他在各大报刊上登了如下的征婚启事：

本人喜欢音乐和运动，是个年轻又有教养的百万富翁，希望能和毛姆小说中的主角完全一样的女性结婚。

毛姆的征婚广告很有诱惑力，切合许多女性的心理，她们都想看一下那个女人是什么样子，因此毛姆的书一下子脱销，加印了几次还缺货。

毛姆的做法对自己非常有利，而对别人几乎没有伤害，可以说是一种非常聪明的营销技术。

2 _你可以不守信，如果身在特殊环境中

在社会上，要取得别人的信任和拥护，应该守信。所谓诚信，除了真诚，就是守信。像其他法则一样，守信不可绝对化，必须灵活对待，否则就显得愚蠢，变成愚信。

处在一般条件下，具有不大不小的正面效益，我们要做到一般程度的守信。

平时微小的约定必须遵守。有些人因为约定小而随便失信，认为这无伤大雅，其实，事情虽小，影响却不小。我们平常遇到的都是小事，哪有那么多大事呢？你小事都不守信，别人怎敢相信你？当你失信于多件事多个人，你就会被大家当作小人，遭到孤立，今后的命运可想而知。

处在超常条件下，为保住特别大的效益，我们必须非常守信，所谓“君子一言，驷马难追”。

明朝开国功臣刘伯温写的《郁离子》中有一个商人言而无信终至灭亡的故事。济阴有个商人过河时船沉了，他浮在漂浮的枯草上大声呼救。旁边的渔夫听到喊声赶紧划船过来，商人急忙喊：“我是济阴富翁，你若能救我，给你一百两金子。”等到被救上岸后，商人却翻脸不认账了，只给了渔夫十两金子。渔夫指责他不守信誉，出尔反尔。富翁却训斥他说：“你一个打鱼的，一辈子都挣不了几个钱，一下子得到十两金子还不满足吗？不要太贪婪！”渔夫只得怏怏而去。不料后来那富翁又一次在原地翻船，同样说出那番报答的话。有人想过去救，那

个受骗的渔夫说："他说话不算数的。"别人听了就不再去救，以免受到戏弄，于是商人淹死了。

商人两次翻船而遇同一渔夫是偶然的，但商人的不得好报却是必然的，迟早要发生。对平常的事情，你食言也许没什么大不了的，但是涉及自己身家性命的诺言，必须不折不扣地遵守；否则，一旦你处于绝境，便没有人再愿意出手相救，只能坐以待毙，丧失一切。

如果客观条件发生意外的变化，履行约定会额外付出较大的代价，这时候可以考验出一个人是否真正守信。一般人惊慌失措，一概爽约，根本不辩证地考虑得失，显得鲁莽甚至愚蠢。而聪明人会仔细地分析相关情况，不仅看到额外的代价，还会看到额外的收获，不仅看到目前的情况，还会看到长远的情况，一般会尽量践约。

现在，摩根财团在世界上首屈一指，可是有谁知道创始人的辛酸与传奇呢？

1835年，美国一家名为伊特纳的火灾保险公司刚刚组建，它不要求入股的人马上缴纳现金，只需在名册上签上名字便能成为股东。一个叫摩根的人想发家，于是报名当上了股东。不凑巧的是，没过多久，一家客户不慎起了大火，财产烧光，巨额的赔偿金足以让保险公司破产。

消息传出，股东们悲观失望，纷纷退股。面对困境，只有摩根没有动摇。他把信誉放在第一位，想方设法筹措款项，甚至把自己的住房卖掉，终于付清全部赔偿金，还把其他股份低价收购。就这样阴错阳差，摩根意外当上了老板，可这时他已经两手空空，公司濒临破产。他只好硬着头皮做广告说：客户如果再到伊特纳火灾保险公司投保，一律加倍收取保险金。出乎意料的是，前来投保的客户络绎不绝，因为通过火灾赔偿的事情大家都看到摩根这个人可信。于是，公司起死回生，摩根也成为一个小富翁。

韩国现代集团是举世闻名的大企业，由郑周永创建。1953年，郑周永承包了一座大桥的修建工程。由于物价上涨飞快，工程还没有结束，支出的费用就大大超出了预算。在这严峻的时刻，有人好心地劝阻郑周永赶紧停止施工，以免遭受更大的损失。但是，郑周永坚定地认为损失金钱事小，维护信誉事大，于是鼓起勇气，毅然继续修建。结果，他虽付出了巨大的代价，却按时保质保量地建成大桥。

郑周永这次虽然吃了大亏，以致濒临破产，但是也因此树立起了恪守信用的形象，赢得了人们和政府的信任，获得大量建设项目。就这样，郑周永赚得了丰厚的利润，而且压倒对手，一跃成为韩国建筑行业的霸主，以后又进军许多领域，成立了现代集团。

这次郑周永做得非常聪明。他清楚，如果毁约，自己固然不用付出更多的代价，但是会失去政府的信任，从而失去长期的合作，这样损失就更大了。从另外一个方面说，一般的真诚不会给别人留下多深的印象，而冒着破产风险的极大真诚会让人们刮目相看，赢得对方和整个社会的无限信任，这是一种巨大的投资，必然会带来巨大的回报。因此，他毅然选择把大桥建成。

在我们的日常生活中，当和挚友约定一件重大的事情时，绝对不可儿戏，言既出则行必果，一定要兑现承诺。

刘绍安是一名解放军战士，山东人。在抗美援朝战场上，他与同一排的张志久相识。张志久是江苏泰兴人，家里有老母亲和弟弟妹妹。刘绍安同样有老母亲，但没有兄弟姐妹。面对残酷的战场，两人都感觉很难再活着回国了。但是，家里亲人却是心中永久的牵挂。于是，两人订下了生死之约：两个人，不管是谁，只要能有一个活着回到祖国，就要替对方去赡养老人，照顾兄弟姐妹。之后，张志久在一次战斗中为国捐躯了，刘绍安决心兑现诺言。

抗美援朝胜利后，刘绍安回到国内。他怕张志久的母亲伤心，不敢把张志久牺牲的消息告诉她，就模仿战友的笔迹，每月给张母写信报平安，并寄钱。两年后，县政府为烈士发放抚恤金和烈士证，这个秘密才被揭开。张家母亲一方面为失去儿子而痛心，一方面又为刘绍安的行为而感动，便写信给刘绍安，劝他不必再照顾。刘绍安急了，他说服自己母亲退掉家里给定的娃娃亲，来到张家，并在后来听从张母意愿，娶了张志久的妹妹，从此不辞劳苦，悉心照顾张志久一家老小。

1965年冬天，老人病危，想吃黄瓜。天寒地冻的，哪儿有黄瓜呢？刘绍安辗转多地还是没买到黄瓜。为了不让老人失望，不得已，刘绍安买了几根酱莴苣，再抹上糖给老人吃。老人问："儿呀，怎么不像黄瓜？"刘绍安回答："娘，天冷，黄瓜冻了。"老人临终时对他说："你真是比亲儿子还亲啊，你为张家受够了苦，我们全家对不住你呀！"刘绍安安慰道："娘，我是代替志久尽一份孝心，他活着的话，一定比我做得更好。"

刘绍安用自己的一辈子实现了对战友的承诺。面对一些人的不理解，他坚定地说："我这辈子只做了一件事，就是完成了战友的重托，我无怨无悔！"这句话真是掷地有声，令人肃然起敬！

但是，当我们处在反常条件下，如果守信得不偿失，而毁约对社会没什么危害，就可以选择毁约。

如果我们实在缺乏时间和能力，代价巨大得无法承受，就可以毁约，但得向对方说明、道歉，对方也会谅解。

对于自己的敌人，也不用在乎什么约定。喜欢中国象棋的朋友都知道，棋盘中间有楚河汉界，这是有历史典故的。秦末楚汉之争，刘邦和项羽在河南的荥阳一带展开激战，项羽兵源缺乏，粮草不足，难以和汉军抗衡。在侯公的撮合下，项羽和刘邦定下了停战协定：楚汉以鸿沟为分界线，东西分治。协定达成之后，项羽将刘邦的家属送还。

项羽领兵东返，刘邦也打算领兵回关中。张良和陈平则极力劝说刘邦趁机灭掉项羽，因为这时项羽兵不精粮不足，万一他回到彭城，那就是纵虎归山，自找苦吃。刘邦听了觉得有理，就撕毁和约，赶紧命令军队追击，最后在垓下消灭了项羽。

刘邦违反约定，不仅对自己有利，而且对社会也是有利的，否则，依照项羽的性格肯定卷土重来，双方肯定再次交战，社会仍然会动荡不安，不如趁此良机铲除后患。

在酒桌上，乱哄哄的，加上酒精的刺激，人比较兴奋，这时如果有人开口求助，人很容易脑子一热就答应下来。酒醒后，发现不值得，或者无能力承担，就不必较真儿执行，对方也不会当真。

汉景帝长期没有立太子，他的母亲窦太后十分偏爱他弟弟梁孝王，多次劝汉景帝百年后把皇位传给弟弟。在一次宴席上，梁孝王极力讨好哥哥，窦太后从旁鼓动，加上喝酒喝得头脑发昏，景帝就满不在乎地说："我去世后传位给梁王。"

这当然是汉景帝随便说说的话，但是天子无戏言，他话一出口，窦太后就信以为真了，她很高兴，连连称赞。此时，汉景帝意识到自己失言了，很后悔，想找办法打个圆场，急得满头大汗。这时候，陪坐在一旁的窦太后的侄子窦婴帮汉景帝解了围。窦婴捧了杯酒献给汉景帝，说："汉朝的天下是高祖的天下，帝位应当父子相传，这本是汉朝的法度，陛下您怎么能擅自改变祖宗的家法，将帝位传给梁王呢？应该罚酒一杯！"汉景帝赶忙将酒喝了下去，借坡下驴。后来，汉景帝传位给儿子刘彻，他就是大名鼎鼎的汉武帝。

如果汉景帝老实守信，把皇位传给弟弟，不但违背自己的真意，内心憋屈，而且汉景帝的儿子们及其亲信很可能要把皇位夺回来，从而导致政局混乱。因此，酒后失言，不必当真。

比尔·盖茨在不喝酒的情况下也会精明地制造虚假的承诺，然后再违背诺言，以此达到特定的目的。从前电脑操作系统只有文字界面没有图像界面，图像界面的操作系统成为众多公司争抢的大蛋糕。盖茨亲自率领员工埋头苦干，研制"视窗"操作系统，但他的进度比竞争对手慢得多。

眼看竞争产品一个接一个上市，盖茨内心的焦虑可想而知，但他没有急于求成，也没有放弃市场。他不断向客户许诺：我们的产品很快上市，请大家再等3个月；到今年8月份，你一定能得到更好的产品；到明年一季度，你一定会得到我们的新产品……

“视窗”系统的上市时间一拖再拖，因此被媒体戏称为“泡泡软件”，新闻界对比尔·盖茨开始极尽挖苦之能事：“如果你想成为像比尔一样的亿万富翁，你必须先学会当众吹出直径一寸以上的大泡泡。”

终于，耗资费时都非常多的“视窗”操作系统上市了。它出场晚，却是第一个成熟的产品，一上市就显出王者气象，一举击败所有对手，稳占霸主地位。

由此可见盖茨的精明：宁可在时间上失信，也不在质量上打折扣，质量才是产品的核心竞争力。

3 _模糊与清晰——承诺的两面

我们在生活中都会遇到做出承诺的问题，要做到没有失误，必须分层对待，不可一成不变。

处在一般条件下，诺言涉及的价值既不很大，也不很小，自己有办法实现，而且双方关系比较普通，承诺时就要认真地表态，不可嬉皮笑脸；承诺的内容也要具体，不要笼统含糊，模棱两可。例如，明天我会去看你，后天我会还你钱。

处在超常条件下，诺言关系着重大的价值，而且自己肯定能实现，表态就要更加郑重，内容要更加具体，不能有一点儿笼统。例如，听说你病情严重，明天9点钟我一定会到医院看你；知道你急需钱，后天下午我肯定会还你的10万块钱。

如果碰到复杂的问题，自己一定要先搞清楚情况，不要弄个大概就轻率承诺，否则可能掉进陷阱。

传说古印度有个国王，十分爱玩儿游戏。一天，他对大臣们说，希望得到一种玩儿不腻的游戏，如果谁能发明这样的游戏，会得到重赏。不久，一个聪明的大臣向国王献上一种棋具，即现在的国际象棋，棋盘上有64个格子，棋子上刻着“皇帝”“皇后”“车”“马”“炮”等字，玩法变化无穷，让人百玩不厌。国王高兴地说：“你要什么赏赐，我都满足你。”这位大臣想跟国王开个玩笑，就说：“我只要些小麦。您在第一格棋盘上放1粒小麦，第二格上放2粒，第三格上放4粒，以此类推，后面的总是前面的2倍，把64格都放满就行了。”国王想，这只要几百斤小麦就够了吧，就对管粮食的大臣说："你去拿几麻袋麦子赏给他吧。"管粮食的大臣计算了一下，大惊失色，忙向国王报告："麦粒总数是1+2+4+8+…+2的63次方，差不多有12000亿立方米，就算把全国所有的粮食给他，还差得远呢。"国王顿时傻眼了。这位大臣赶紧说："陛下，我不过是开个玩笑，不必当真。请赏赐我一些珠宝即可。"国王这才消除尴尬。

在签订商业合同时，要先小人后君子，假设有人会欺骗自己，因此要把条文设置得尽量严密，让对方无隙可乘。

莎士比亚的《威尼斯商人》讲了这样一个故事。威尼斯富商安东尼奥为了成全好友巴萨尼奥的婚事，向高利贷者夏洛克借债。由于安东尼奥贷款给人从不要利息，抢夺了夏洛克的生意，怀恨在心的夏洛克乘机报复，他也不要利息，但若逾期不还，要从安东尼奥身上割下一磅肉，其真正目的就是杀死安东尼奥。安东尼奥为朋友豁了出去，就立下契约。

非常不幸，安东尼奥的商船在海上失事，资金周转不灵，贷款无力偿还。夏洛克去法庭控告，根据法律安东尼奥只能履行诺言，法官也无可奈何。为挽救安东尼奥的性命，巴萨尼奥的未婚妻鲍西娅假扮律师出庭。一开始，鲍西娅站在夏洛克的立场上，支持他按照约定割肉，正当夏洛克得意扬扬地拿起刀子准备割肉时，鲍西娅严厉警告他：按照契约，你所割的肉必须正好是一磅，不能多也不能少，更不准流血。夏洛克因无法执行这个约定而败诉，最后被法庭以故意伤害罪剥夺全部财产，害人不成反害己。

夏洛克罪有应得，正义必将战胜罪恶。不过，这个故事提醒我们，重大承诺必须非常具体详细，不可笼统模糊，以免让对方钻空子。

如果处在反常条件下，可以实行反常技巧。如果诺言关系的价值极小，自己可以随意答应，不必郑重其事；也可以笼统承诺，不必十分具体。例如，以后我会看望你，过几天我会还你钱。

如果面对的事情不容易弄清楚，自己的承诺也可以模糊不清。例如，老板可以这样激励员工：希望大家好好工作，我不会亏待大家。这句话中，“好好工作”和“不会亏待”都是笼统的，没有细化的目标，这样既可以激励员工，又不会束缚自己。

对于没把握的事情，自己可以设置条件，间接承诺。例如，如果我下个月能把货款收回来，我会在第一时间还钱给你；如果到年终公司实现了销售目标，一定发双倍年终奖。这样的承诺，并非虚情假意，反而显得更真诚。否则，一旦遇到变故，自己无法兑现诺言，就会失信于人。

当情况不明朗时，可以不立即承诺，而在时间上推后。例如，这件事情等我们充分调查后，才可给你答复。

有时候，人会被迫做出承诺，这时可以用隐藏的条件来取消承诺，看似承诺，其实是否认。

在古代，有个财主突然得重病，大限将近，如何立遗嘱让他很是忧虑。他只有一个儿子，但此时远在外地求学，而身边的管家十分精明，而且手段毒辣。如果把财产全部留给儿子，管家可能会在儿子回家前倒卖财产，甚至暗害儿子。思来想去，他立下这么一份奇特的遗嘱：我把全部财产都留给管家，但前提条件是，要让我儿子在所有的财产里面任意选择一件。

管家看到这份遗嘱乐坏了，马上派人找到财主的儿子，并安全接到家。儿子看到父亲的遗嘱，开始很生气，后来瞥见管家在得意地笑，他灵光一闪，说：好，我就要管家的这一份财产。管家目瞪口呆，只好认栽。

4 _有时扬短也有利

每个人都有长处与短处，也都知道要扬长避短。其实，一味地扬长避短未必能给自己带来最大的好处。要想始终对自己有利，必须灵活对待长处和短处。

处在一般条件下，我们要扬长避短，不过要注意做得自然，不留痕迹。

清朝道光皇帝晚年，选择继承人的事越来越迫切，四皇子奕詝（咸丰）和六皇子奕䜣成为皇位的有力争夺者。两人相较，道光更喜爱天资聪慧的奕䜣，只因当时内外多事，所以一直没有决定。奕詝的老师杜受田清楚，奕詝的优点在于仁义孝顺，奕䜣的优点则是聪明伶俐，而道光皇帝更欣赏的特点恰恰是仁义孝顺。因此，让奕詝获胜的关键是，必须让奕詝把自己的仁义优点充分发挥出来，同时让老皇帝看到。

一年春天，诸皇子跟随道光皇帝去打猎，这可是在父皇面前显示本领从而邀宠的大好机会。但是，杜受田告诫奕詝："你的技艺显然不如六皇子，如果硬要射猎只能露丑。你只要坐着看兄弟们打猎就可以了，自己千万不要射杀任何动物，并且约束你的随从也不得打猎。"杜受田还教了他一番说辞。打猎当天，众皇子都尽力表现，奕䜣的猎物最多，而奕詝真的不动手，自然一无所获。道光不高兴了，责问奕詝怎么回事，奕詝巧妙地回答："儿臣虽然本事差，但是只要动手，肯定多少会有所收获。只是我想到如今春回大地，正值万物繁衍，因此不忍心射杀；此外，也不愿意和兄弟们争个高低。"

他的回答深深打动了道光皇帝，道光皇帝很想为百姓选择一位仁义的皇帝，奕讠当然比盛气凌人的奕䜣更适合。

道光晚年生病时，有一天召见两位皇子，打算通过最后的考察来决定皇位的归属。两位皇子也知道争位已到最后关头，于是请教各自的老师如何表现。奕䜣的老师知道，奕䜣头脑聪明，知识丰富，完全可以凭借才华压倒奕讠，因此嘱咐他如果皇帝问你什么事，你就敞开说，可以知无不言，言无不尽。杜受田则为奕讠策划了另外一条截然不同的路子。

道光先召见奕䜣，说我很快就要离开人世了，这个国家该怎么治理呀？奕䜣就滔滔不绝地讲治国的方略。道光听后倒也高兴。

奕讠按照老师的指导，进门之后就给道光跪下了。道光把刚才的话重复了一遍，奕讠听完就跪在地上磕头，痛哭流涕，却不说话。道光奇怪地问：你怎么不回答？奕讠这才回话：儿子只希望父皇健康长寿，永远不会发生其他的事情。道光很感动，认为他又仁又孝，决定立为皇帝。

奕讠师徒二人联手演出了一场好戏，藏拙示仁，藏拙示孝。他们高明的地方在于不仅成功避开了短处，而且趁机显示出长处，不仅没露丑，反而能显美，因此逢凶化吉，扭转乾坤，不能不令人叹服。

美国内战结束之后，功勋卓著的将军陶克和普通的士兵约翰一起竞选国会议员，从战友变成对手。几乎所有的人都看好陶克将军，谁胜谁输就看最后的演讲了。

陶克将军激情飞扬地演讲：诸位同胞，我相信任何人都忘不了几年前的那场激战！那晚，我率领士兵阻击敌人，虽然打得十分残酷，但是我从没想过退却，因为我为了国家，为了正义和自由，不惜献出生命。我三天三夜没合眼。打退敌人后，我躺在树林的血泊中睡着了……演讲完毕，听众们热烈鼓掌。

约翰没有回避自己是陶克将军的手下这个问题，反而接着他的话茬儿说：

亲爱的同胞们，陶克将军说得不错，他在那次战斗中立下大功。作为他手下的普通士兵，我非常荣幸能和他一起出生入死。当他在树林里呼呼大睡时，我就站在旁边守护他。当时正是寒冬，冷风飕飕，我拿着枪冻得瑟瑟发抖，但是我力求不发出声响，不打扰将军的休息。而且，我时刻准备着用我的胸膛挡住随时会射来的敌人的子弹。因为，我是一名士兵，我要保护将军的安全……

约翰的演讲刚结束，就赢得了广大听众更加热烈的掌声。原本决定投票给陶克将军的人，竟然有不少把选票放进了约翰的票箱里。

但是，扬长避短不可绝对化，处在反常条件下，反而会得不偿失，那我们就要反其道而行之，公开承认短处，不做无谓的掩饰，同样可以趋利避害。

汉代公孙弘年轻时家贫，生活俭朴。后来他做了大官，位列三公，生活仍然十分俭朴，吃饭只有一个荤菜，睡觉只盖普通棉被。因此，大臣汲黯向汉武帝参了他一本，批评公孙弘貌似生活俭朴，实质上是沽名钓誉，骗取俭朴清廉的美名。

汉武帝便问公孙弘："汲黯所说的都是事实吗？"公孙弘机敏地回答："汲黯说得一点儿没错，我确实是故意装得俭朴以沽名钓誉。汲黯对陛下真是忠心耿耿，否则您就听不到对我的批评。"汉武帝听后没有怪罪公孙弘，反倒觉得他为人谦让和坦率，更加信任他。

公孙弘的俭朴也许真的是个人的生活习惯，并非沽名钓誉，但是他没有为之解释或加以掩盖，而是全都承认，这是何等的智慧呀！他内心清楚，无论他如何解释，别人都难以相信，反而认为他在继续使诈。如果违心地承认自己沽名钓誉，自己的名誉会稍稍受损，但在另外的方面会让自己大大受益，至少表明自己"现在没有使诈"，自己的本性还是真诚的。公孙弘的高明之处还在于对指责自己的人大加赞扬，显得自己宰相肚里能撑船。这样一来，公孙弘承认小小的缺点，显示大大的优点，总体上还是大君子，令人敬佩。

处在更加反常的条件下，我们甚至可以故意制造本来没有的短处。

隋炀帝杨广穷兵黩武，横征暴敛，百姓民不聊生，怨声载道，各地纷纷起义。当时在民间流传着“杨花落，李花开；桃李子，有天下”的民谣，杨广怀疑有姓李的人造反，就把右骁卫大将军李浑宗族全部处死。

杨广的表兄弟、太原留守使李渊也姓李。李渊表面看起来不事张扬，其实一向喜爱结交豪杰，还善待百姓，深得民心，因此杨广对李渊也产生了怀疑。一次，杨广要召见李渊，李渊说自己生病了不能来，杨广大为恼火。当时李渊有一个姓王的外甥女在后宫做嫔妃，杨广就对她说：“你舅舅这病是要人命的吗？为什么连见我都不能来？”

李渊听说此事后，感觉大祸即将临头，但是当时他还缺乏足够的力量，不能马上造反，只好隐忍下来。为消除皇帝对自己的猜忌，李渊自毁名节，整天纵酒作乐，贪污受贿，大肆铺张，假装十分腐败，隋炀帝果然放松了对他的警惕。李渊等到时机成熟就发兵起义，后来建立了大唐朝。

俗话说，大千世界，无奇不有，什么稀奇古怪的事情都可能遇到。因此，自己要随机应变，无论多么美好的教条都不要死抱着不放。

5 _用错误赢得奖赏

当我们干了糟糕的事情，犯下一些错误，一般要坦诚交代，不弄虚作假，不推脱责任。不过，社会太复杂了，有些责任值得担当，有些则不值得担当；有些责任能够担当，有些则担当不起。如果什么时候我们都用“没有任何借口”这句话来要求自己，非活活累死不可。因此，面对某些特殊的错误，我们有必要找个借口，文过饰非。

一般条件下可以直接为自己辩护，强调客观理由，例如强调场地不合适、时间不充分、工具不齐全、材料不足够、他人不配合等。处在超常条件下，可以强调玄虚的客观理由，例如历史问题、传统意识等。

武则天信仰佛教，在她主政的时候曾下过谕旨，禁止民间屠杀动物，人们不敢不从。不过，聪明人还是变着法解馋。

大臣娄师德去陕西处理公务，接待他的地方官当然不能让朝廷大员吃简单的素食，就想出一条对策，对厨子说：“你尽管上肉食，大人问起，就说是狼咬死的。”到吃饭时，厨子端上了香喷喷的羊肉。娄师德忙问：“不是有圣旨禁止屠宰吗？”厨子笑道：“大人但吃无妨，这羊不是我们杀死的，是狼咬死的。”娄师德知道这是假话，但他也明白地方官的苦心，就顺水推舟大吃起来。

后来厨子又端上来一盘鱼。娄师德问：“这又是怎么回事？”厨子是个死心眼儿，又重复说：“大人但吃无妨，这鱼也不是我们杀死的，是狼咬死的。”

娄师德一听，“啪”地放下筷子，大声斥责道：“这是什么话？狼能下水咬鱼吗？”厨子吓得战战兢兢，娄师德又笑着说：“真是缺心眼儿，你为什么不说是被水獭咬死的呢？”厨子连连称赞：“还是大人聪明！”真是上有政策，下有对策啊。

清朝时，浙江有个知县很受巡抚器重，两人私交甚好。杭州将军却很讨厌那个知县，多次对巡抚说他的坏话，巡抚每次都袒护知县，于是杭州将军另想歪招。某年年初，浙江官员行朝贺礼。结束后，杭州将军直接向朝廷上书，弹劾该知县朝贺时失仪，犯下“大不敬”之罪。朝廷下旨让浙江巡抚严查。这样一来，这件事就变成大事了，巡抚再也无法袒护知县，而且连累得自己有失察之错。

浙江巡抚无可奈何，找师爷讨教对策。师爷笑道：“这有什么难的，八个字就能摆平了。您可以回奏朝廷：参列前班，不遑后顾。”巡抚大喜，依计而行。

原来，朝贺时官员以官职大小前后排列，并同时行礼。巡抚、将军都在前列，自然看不到身后府县官员的行礼情况，这样巡抚一下子就把自己洗刷干净了，而且反过来将了杭州将军一军——既然你看到知县朝贺时失仪，就说明你回头看了，那你也失仪了；否则，你就是诬告。果然，朝廷接报后转过头来训斥杭州将军并将他撤职。杭州将军百口莫辩，本来想干掉自己讨厌的知县，同时扳倒巡抚，不想把自己埋进了坑里。

浙江巡抚就是通过强调客观理由把自己洗刷干净的，而杭州将军缺乏客观理由，就把自己给害了。

还有个笑话。五个士兵请了一天假到城里玩，可是到第二天早上出操时还没回来，中尉十分恼火。七点一过，有一个士兵回来了。

他向中尉解释道：“很抱歉，长官。我的表慢了，没有赶上火车，就租了一辆汽车往回赶，可是半路上汽车又坏了，我只好到村里买了一匹马，谁想马又死了，我跑了十多里路才赶回来。”

中尉对他的话将信将疑。紧接着，又陆续回来了三个士兵，全是那套“误了火车、租汽车、买马”的借口，这显然是胡说八道。中尉正要发火，最后一个士兵到了，张口就说：“我误了火车，就租辆汽车……”

“住嘴！”中尉揪住他咆哮道，“你敢再说汽车坏了吗？”

“不！长官！”士兵喘了口气，解释道，“汽车没坏，但路上有那么多坏了的汽车和死马，汽车过不来呀，我跑路才赶回来的！”

这个笑话告诉我们，找借口要玩点儿花样，不要重复老一套，否则容易被人识破。

处在反常条件下，必须实行间接辩护。当屡次犯下相同的错误，而且无法找到客观理由时，只能从自己身上找理由，但要注意的是，必须“丢卒保车”“丢车保帅”，要尽量保护自己的主要方面——智力和品格，而在次要方面找原因，例如强调身体有病、近期心情不佳、经验不足、知识有限、疏忽大意等。

清朝雍正年间，雍正的家奴李卫经过多年拼搏后当上巡抚。李卫喜欢看戏，有时连续看几天，于是有人弹劾他，雍正皇帝要求他解释。

李卫与幕僚们商量怎样回复皇上。有人说，看戏没有凭据，可以矢口否认。有人说，看戏是为了酬谢神灵的保佑。李卫听了这些意见，认为都不行，他分析说：“你们不知皇上的特点，骗不了他。我跟随皇上多年，知道他要求严格而且疑心很重，不会轻易被糊弄。我认为不如老实承认看戏这个事实，但是要找个好的借口。这样吧，就说我是行伍出身，不知礼节，看戏可以学习礼节；我又不读书，不知历史人物，看戏可以知道谁是好人谁是坏人，向好人学习，对坏人戒备。并且，我到任已很长时间，并未因看戏荒废公务。既然皇上注意此事，今后就不再看戏了。这样向皇上奏明，一定不会有事。”

幕僚按他的意思写了奏章送到京城。雍正看了他的奏章，果然没有进一步追究，亲笔批准他以后仍可看戏，只是嘱咐他不要因此而影响公事。

处在混杂条件下，可以同时或先后强调主观理由和客观理由。例如强调别人说话不清楚，加上自己听得不仔细，误会了他人的意思，所以把事情办错了；工作量太大，加上自己心急，所以把事情办砸了。

有时候，也可以把坏事当作好事来辩解。

东方朔是汉武帝的大臣，以言语风趣著称。有一次，汉武帝赏赐给大臣们一大块肉。大臣们来了，可是奉诏主持分肉的官员却迟迟不来。东方朔不耐烦了，拔出剑来割了一块肉，对大家说，天热肉容易坏，不用等奉诏分肉的官员了，大家快割了拿回去吧。然后，他捧着肉扬长而去，其他大臣目瞪口呆。

第二天，得知消息的汉武帝质问东方朔，命他自我检讨。东方朔却唱起来：

东方朔啊，东方朔啊！

受赐不受诏，你为何如此无礼？

拔剑去割肉，你为何如此鲁莽？

只想割一块，你为何如此廉俭？

回家献妻儿，你为何如此仁爱？

汉武帝听后笑弯了腰，说：“我要你批评自己，你却自我表扬起来了！”后来又赏给他一些酒肉。

东方朔明白，擅自割肉不算什么大事，加上自己一贯不拘小节，皇帝不会真的惩罚自己，所以就自吹自擂，混淆是非。

6 _尴尬之时巧找台阶下

在社交场合中，有时会碰到突如其来的尴尬或矛盾，这时就需要圆场，化解紧张气氛，控制和扭转局势，调解双方关系。圆场有许多技巧，但需要分层对待，不能乱用。

处在一般条件下，要轻松而直接地圆场。出现尴尬场面后，人们的内心是紧张的，但是要化解尴尬，自己的表情不能再紧张，必须反其道而行之，轻松对待。否则，你的紧张会加剧尴尬，使圆场的效果大打折扣。

针对他人的不当言语和动作，直接圆场的方法就是改善其影响，大事化小，小事化了，坏事变好。具体来说，或曲解其意，或粉饰其形，或另找台阶。

清末，刘复才任江夏知县，他的两位上司湖广总督张之洞和湖北巡抚谭继洵（谭嗣同之父）谁也不服谁，时常发生矛盾，这让下属难以办事。为了调和二人的关系，有一天，刘复才在黄鹤楼宴请他们，同时请同僚作陪。开始局面还算良好，酒过三巡以后，有个人多嘴，没话找话，指着长江说："这个江面有多宽呢？"张之洞随口说："是五里三分。"谭继洵就说："我以前派人丈量过，是七里三分。""是五里三分！""是七里三分！"两个人又吵起来了。

这时候，众多官员面面相觑，无计可施。眼看二人越吵越激动，刘复才笑嘻嘻地站起来说："两位大人说得都对。江面涨潮时是七里三分，落潮时是五里三分。"大家一听，都哈哈大笑。张之洞和谭继洵也觉得这个解释很有趣，也跟着大家笑了，一场矛盾就此烟消云散。

世上许多事情很复杂，不是非左即右，非右即左，看着你死我活的矛盾双方，其实都有一定的合理因素，把它们调和起来，就会出现第三条道路，从而化解矛盾于无形之中。

一次，著名评剧演员新凤霞与齐白石相遇。老人坐下后，就拉着新凤霞的手目不转睛地看，看了很长时间。看护齐老的伍大姐有点儿责备他："你总看别人做什么？"白石老人要起小孩儿脾气，生气地说："我这么大年纪了，为什么不能看她？她长得好看。"老人说完，脸都气红了，弄得大家都很尴尬，不知道怎样才好。此时，新凤霞笑着对齐老说："您看吧，我是演员，不怕人看。"此语一出，逗得大家哄堂大笑，不愉快的气氛一扫而空。

齐白石是从欣赏美人的角度看人，而新凤霞的话是从观众看演员的角度说的，形式相似，但实质不同，如此移花接木，就把尴尬给消除了。

有个理发师傅带了个徒弟，这天正式上岗给顾客理发。第一位顾客理完后照照镜子，不满意地说："头发留得太长。"徒弟无言以对。师傅笑着解释："头发长使您显得含蓄，这叫藏而不露。"顾客高兴地走了。

第二位顾客理完后抱怨："头发留得太短。"徒弟尴尬不语，瞧着师傅怎么圆场。师傅笑着解释："头发短显得您精神朴实，让别人感到亲切。"顾客欣喜而去。

第三位顾客理完发后指责："剪个头花这么长的时间。"徒弟困窘无语。师傅马上笑着解释："我的徒弟心细，剪得仔细好看。再说，多花点儿时间伺候'首脑'显得尊贵。您没听说吗，进门苍头秀士，出门白面书生！"顾客欢笑告别。

第四位顾客理完发后大发牢骚："用的时间太短了，二十分钟就完事了。"徒弟不知所措。师傅笑着抢答："我的徒弟手巧，时间短也能理好。再说，如今时间就是金钱，'顶上功夫'速战速决，为您赢得了时间，您何乐而不为？"顾客大笑告辞。

这位师傅真是能说会道，熟悉圆场技巧，因为一件事情可以从多个角度看，只要不死板，总会找出一个令人高兴的角度，找到令人满意的说辞。

圆场不仅能调解人际矛盾，也可化解忧愁。南朝宋文帝有一次钓鱼，钓了半天没有任何收获，心中不免惆怅。王景见状便说：“这实在是因为钓鱼人太清廉了，所以钓不着贪图诱饵的鱼。”一句话说得宋文帝高兴地空手回宫去了。

一次，解缙陪朱元璋钓鱼，整整一个上午一无所获。朱元璋十分懊丧，便命解缙写诗记录这件事情。这诗怎么写才能让皇上高兴呢？解缙不愧为大才子，稍加思索，立刻念道：“数尺纶丝入水中，金钩抛去永无踪。凡鱼不敢朝天子，万岁君王只钓龙。”朱元璋一听，龙颜大悦。

这俩大臣的话无疑是虚假的恭维，但也说得有鼻子有眼，自然令皇帝高兴。

如果处在反常条件下，必须采取反常态度，严肃地指责挑事者，然后用其他理由为其开脱和减轻责任。

一次，王经理带着得力下属小强去总部汇报工作。因为一件小事，总经理严厉批判王经理，王经理一声也不敢吭，只是唯唯诺诺。一旁的小强看不下去，忍不住为王经理辩解起来。总经理脸色骤变，刚要发话，王经理赶紧推小强一把，厉声呵斥：这里哪有你讲话的份儿，滚出去，滚得远远的！

小强想不到王经理会这样对他，悲愤地夺门而出。王经理又对总经理说：总经理，都怪我没有带好下属，回去以后我再好好修理他。他太年轻，太不懂事了！总经理看到这里，自己倒不好意思起来，连忙说：不碍事，年轻人都这样，没什么。

王经理找到小强，小强仍然愤愤不平。王经理解释说，我这样做，既是维护我，也是维护你。如果我不把你轰走，总经理的脾气你是知道的，一句话就让你走人，这么好的工作你上哪儿找去？小强这才明白过来，打骂自己原来是爱护自己。而王经理的这一招，既让下属免受更大的惩罚，又让上级挽回了面子，可谓一箭双雕，皆大欢喜。

如果处在混杂条件下，必须实行混杂的方法。表面上不圆场其实内里却在圆场。有时可以实行间接圆场的方法，或转移话题，或支开一方人。例如，朋友之间为了某个问题争得面红耳赤，僵持不下，可以适时说一句“要把这个问题弄明白，比国家足球队赢球还难”；或者说一个笑话，让双方的情绪平复下来，在轻松的气氛中让尴尬消失殆尽，使交际活动得以顺利进行。

在2010年金马奖颁奖台上，冯小刚和林志玲登台为最佳导演颁奖，台下坐着冯导的老婆徐帆。主持人小S（徐熙娣）突然搞起怪来，首先笑着问徐帆“您允许我对冯导表达敬意到什么程度”，接着用手“温柔”地抚摸冯小刚的帽子，口中念念有词：“冯导，你的帽子有些歪。”见惯了大世面的冯导不慌不躲，反而惬意地说“很享受”，从而轻松化解尴尬。

小S不甘心失败，接着发问：“冯导，你看我和林志玲谁更漂亮？”这个问题令任何一个男人都难以回答，而且冯小刚不愿得罪任何人。沉默一会儿，他慢悠悠地说：“很凑巧，我以前问过周星驰这个问题。我拿许多女演员跟林志玲比谁更漂亮，他都回答是林志玲。我最后说的是小S，结果他来回踱步思考，过去了一个多小时，才回答：林志玲。”话音刚落，人们哄堂大笑，都看小S的笑话。小S十分窘迫，红着脸要退场，冯小刚快速地继续说：“周星驰这么聪明都要考虑一个小时，我起码要考虑一年。等明年我再来金马奖时，我再回答你这个问题。”冯小刚如此狡诈的回答赢得了台下嘉宾们热烈的掌声，小S也多少找回一些面子。

冯小刚的回答既没有肯定，也没有否定，用了一个“拖”字诀，显得既真实又虚假，用复杂的回答回应复杂的问题，实在高明。

7 _半真半假好做人

在生活中，不要轻易撒谎，毕竟诚实是做人的原则。但是，很多时候必须撒谎，否则于人于己都不利，那就有必要研究一下撒谎的技巧。

一般条件下，态度要认真，表达方式要间接而笼统。

尽管明知是撒谎，态度也要认真诚恳，就像在讲述真实的事情，不要慌乱，否则被人看出破绽，就前功尽弃了。

谎言的内容要真假结合，如果完全真实，达不到自己的目的；如果完全虚假，别人又不是傻瓜，怎么会看不出来？因此，真假的比例很有讲究，可以多真少假，半真半假。其中的关键是，以自己需要的虚假内容为中心，紧贴中心的部分可以虚假，而周围相关的点缀部分尽量真实。

一个人请你对他做出评价，而这个人没什么优点，这时如果照实说肯定会得罪他，如果说他全是优点也无法让他相信。因此，你可以先指出他的小缺点，然后赞扬他有大优点。他一定高兴，会信任你，喜欢你。

当一个人在众人面前指责你做过许多不好的事情，尽管他说的都是实话，你也不能都承认，否则就太丢人了，但如果都否认又无法令人相信，因此你应该承认恶劣程度较小的事情，而否认极其恶劣的事情。这样众人会相信你是真诚的，而那个人在造谣生事。

现在很多人买房子困难，难免会贷款或借款。有一对夫妇，看中了一套房子，但钱不够，差15万元。妻子出去找亲戚朋友借，坦诚地说缺15万元，结果跑了3天，只借到1万元。接着丈夫出去借钱，一天就借到14万元。妻子大为惊奇，丈夫解释说：我给别人说，我买房子就差3万元，只向你借2万元，别人很爽快地就借给我了。如果我说差15万元，别人就会担心我们还不起，不愿意借给我。可见，借大钱需要动脑筋啊。

处在超常条件下，可以实行更多虚假加更少真实的方法。

左宗棠的一个好友有个儿子，名叫黄兰阶，在福建候补知县多年也没有补到实缺，特别着急，就跑到北京来找左宗棠想办法。左宗棠见了故人之子，十分客气，但当黄兰阶提出想让他给闽浙总督写推荐信，个性耿直的左宗棠顿时翻脸不认人，说："一个人只要有真本事，自会有用武之地。"接着就将黄兰阶赶走了。

黄兰阶又气又恼又无奈，就到琉璃厂看书画散心。忽然，他见到一个老店主学写左宗棠的字，写得一模一样，真假难分，心中一动，想出一条妙计。他让店主在一柄扇子上题诗落款，立即赶回福州。

等到参见总督时，黄兰阶手摇纸扇，径直走到总督堂上。总督奇怪地问："外面不热吧？都秋天了，你为何还摇扇子？"黄兰阶得意地说："说实话，天气不热，但我此次进京，父亲好友左宗棠大人亲自把这柄扇子送给我，所以十分珍惜，舍不得放手。"

总督拿过扇子仔细一看，诗句和落款果然是左宗棠的手迹，吃了一惊，真想不到姓黄的有这么个大后台。左宗棠现在是极受宠的大臣，得罪不得。于是，总督不久就任命黄兰阶做知县，并在日后不断提拔。几年以后，黄兰阶就升到四品道台。

更好笑的是，总督有一次进京，见到左宗棠，讨好地说："大人故友之子黄兰阶，如今在敝省做了道台了。"左宗棠笑道："是吗？那次他来京城找我，我就说'只要有本事，自有识货人'，老兄你很识人才嘛！"这句话如果被黄兰阶听到，他准会笑破肚皮！

现在冯仑很有钱，显得很有本事，其实，冯仑不是有了钱才有本事的，他是因为有了本事才有钱的，这个本事就是高智商的“欺骗”谋略。

1991年，冯仑到海南创业，手里只有3万元，难以像自己想的那样在房地产行业大展身手，不过这难不倒聪明的冯仑。他把自己浑身上下收拾得整整齐齐，摆出一副大款的派头，找到一家信托公司的老板。冯仑先给对方讲一通自己的耀眼经历，比如在中央机关待过，让对方信任并重视自己；接着讲一番眼前的商机，自己手头有一单好生意，稳赚不赔，一席话说得对方怦然心动。看到对方已经上钩，冯仑提出：这单生意咱俩合伙做，我出1300万元，你出500万元，你看怎么样？老板心想，碰到这样好的生意，这么强的人，有什么不放心的呢？于是大气地甩出了500万元。冯仑就拿着这500万元，到银行贷出了1300万元，然后用这些钱买了8幢别墅，略加包装后转手卖掉，赚了300万元，淘到第一桶金。

事后，冯仑得意地说：第一次做大生意谁都没钱。此时，自己知道没钱，但不可让他人知道，还得让他人相信自己有大钱。当大家都认为你有钱时，都愿意和你合作做生意，你就真的有钱了。

冯仑的做法就是真真假假混在一起，自己有钱是假的，其他都是真的，而且让对方真的获利，这就是既高明又高尚的骗术。

处在反常的条件下，可以直接而具体地撒谎，使用大量甚至完全虚假的方法，但假象各个部分之间的联系必须非常真实，至少要显得非常真实。

当对方无法证实你的谎言，即使怀疑也不愿或不敢、不能证实，你就可以完全编造谎言。当然，这个谎言本身必须自圆其说，不露半点儿破绽，各个部分之间的联系要显得非常真实。一个中心谎言有许多辅助的谎言支撑，相互证明，足够以假乱真，以假胜真。

曹操少年时是个浪荡的公子哥，不干正经事儿，其叔父很厌恶他，常在他父亲曹嵩面前说他的坏话。因此，小曹操就想找机会教训一下叔父。

一天，小曹操远远看到叔父向自己家走去，忽然心生一计。等叔父快走到自己跟前时，曹操突然口歪目斜，嘴吐白沫，像发羊痫风一样倒在了地上。叔父一看大事不好，赶紧跑去叫他父亲。

等叔父一进院子，曹操赶紧把衣服鞋袜弄得干干净净，高高兴兴地向家里走去。

曹嵩听到儿子发羊痫风的消息立即跑出来，可一见曹操非常正常的样子，就很困惑："你叔父刚才说你发羊痫风，怎么这么快就没事儿了？"

曹操装出很委屈的样子说："孩儿根本没有病，叔父不喜欢我，所以经常诅咒我。"

曹嵩完全相信了儿子的话，以后叔父再说曹操的坏话，曹嵩也就左耳进右耳出，曹操得以自由地生活。

处在混杂条件下，可以实行亦真亦假的方法，真相假象混合在一起，很难分辨。

相传战国时期，孙膑和庞涓同时向鬼谷子学习兵法。鬼谷子为了考验弟子，出了一道试题：方法不定，时间不限，谁有办法让他从屋子里走出来，谁就是胜利者。

庞涓想尽了种种办法，用水冲、用火烧、用烟熏、用计骗，但鬼谷子定力极深，始终不出屋子。庞涓一筹莫展，败下阵来。

轮到孙膑了，他对鬼谷子认真地说："老师，我虽然没有办法把您请出屋子，但是我有办法让您从屋子外面走进屋里。"

鬼谷子怀疑地说："你真有那种本事吗？"

孙膑郑重地说："老师不妨一试。"

鬼谷子不愿被弟子吓住，也想知道他葫芦里卖的是什么药，就半信半疑地走出屋外，说："好啦，我现在倒要看看你如何让我进屋。"

这时，孙膑道歉说："对不起，老师，我在骗您。不过，我已经把您从屋子里请出来了。"直到这时，鬼谷子才明白上当了，他连声称赞孙膑计谋高明。

唐玄宗时期，李林甫当上了吏部侍郎。唐朝规定，科举考中的人还要经过吏部铨选，再次放榜后才能做官。一次，吏部放榜前，唐玄宗的哥哥宁王偷偷地拿给李林甫一个十人的名单，请他从优安排官职。

李林甫很想巴结宁王，就接过名单，但是他装出一副很为难的样子说：“您一定知道这事儿难办，何况一下子要十人全优！”宁王刚想发怒，李林甫马上接着说：“您既然让我办理此事，这是看得起我，我当然要报答您。再说，王爷是皇室宗亲，我为皇家办事就不怕担责任！您看这样行不行？为维护国家法纪，并压制他人徇私，请您准许我从这十人中任意挑出一位，当众驳回，留到下次列为榜首，安排个好职位，而另外九人这次全部给肥缺。否则，十人都是肥缺，难免让人怀疑。”宁王一听，觉得这样最稳妥，就同意了，还大加赞赏，而且把李林甫看作既有才又忠诚的心腹。

出榜那天，李林甫当众宣布：“×××竟然请宁王说情，我不会容忍这样败坏朝廷法纪的行为！这个人无论如何不能选。”许多官员赞叹不已：“李侍郎真是忠臣，连宁王情面都敢回绝，不简单。”玄宗知道后龙颜大悦，决心重用。

李林甫用的是“露一丑遮百丑”的方法，本来徇情枉法的丑事，却让朝野上下误以为是忠心耿耿的美事，可笑可叹。

这里还有两个值得深思的故事。

有个国王喜欢打猎，因此瞎了一只眼，断了一条腿。一天，国王请一个画师为自己画像。画师如实地画下了国王的样子，非常逼真。国王一看，又是独眼龙，又是瘸子，觉得有损自己的形象，恼羞成怒，就叫士兵把画家推出去斩了。

第二天又请了一个画师，这个画师知道前面画师的遭遇，因而不敢如实描画国王的形象，就把国王画成一个不残疾的美男子。国王一看，又恼了：“这哪里是我，分明画的是另一个国王嘛。这没用的东西，拉出去斩了。”

第三天又请了一个画师。既不能如实画出国王的丑样，又不能虚假美化国王，这可怎么办呢？画师急中生智，挥笔画了一幅像。国王一看大喜，奖赏了画师一大笔金银。

原来画师根据国王喜欢打猎的特点，选用国王单腿跪地，拿着枪睁一只眼闭一只眼瞄准猎物的样子来画，既遮盖了国王的缺陷，又突出了国王的特点，难怪国王高兴。

另一个也是国王的故事。国王做了一个可怕的噩梦：一夜之间，自己的牙齿全掉光了。国王醒来后赶紧召集大臣解梦。按照这个国家传统的迷信，第一个大臣说："陛下，这是噩梦，预示你的亲人会一个个死掉。"国王一听大怒，毫不客气地把他关进监狱。第二个大臣见势不妙，就改口说："陛下，恭喜您做了一个好梦，预示着您在所有亲友中最长寿。"国王大喜，赐给他许多财宝。

第二个大臣看上去弄虚作假，其实和第一个大臣的观点是一样的，只不过在形式上截然相反，一样的道理不一样的说法，由坏变好，自然受到国王欣赏。

8 _天上掉的不是馅饼，是陷阱

如果我们被骗，心里当然是很不愉快，但是对这种情况也要区别对待，不能一味生气指责。例如，亲朋好友或同事出于特殊原因欺骗你，只要危害不大，即使自己看出来了，也可以配合他，不揭穿，以免伤了感情。

就一般情况而言，掌握防骗技巧是必要的，害人之心不可有，防人之心不可无嘛。出门在外，要远离容易发生欺骗行为的地方和人，同时隐藏自己的财富，这样不容易被骗子盯上。万一不幸被骗子盯上了，他们会打出一些招牌，这就是我们的防骗目标，主要分为两类。一类防骗目标是陌生人的求助，例如老人摔倒，利用人们的同情心进行诈骗；另一类是特殊的利好信息。

面对特殊的利好对象，处在一般条件下，要低调地直接拒绝。

一个骗子如果说的话基本都是假的，就只能欺骗傻子，可傻子太少了，骗子自己最后就会饿死。因此，骗子一般是把真的假的混在一起，摆出的信息通常都是让你感觉很真实并且很美好，例如许诺让你轻易得到一份好工作，然后找种种看似合理的借口索要钱财。对此，要坚决而直接地拒绝，一旦表现出犹豫，骗子就会认为你还有受骗的可能，就会继续纠缠你，变着法子骗你，让你防不胜防。同时，自己的态度不要太强硬，不要训斥对方，以免对方恼羞成怒来报复你。

一天，李某到银行取钱，在银行附近的小路上看到一个文件包，接着看到一个男子从地上捡起来翻看。李某凑过去一看，里面竟然有一捆百元大钞，不觉心动。男子有些不甘心地说，既然给你看到了，只要你不说出去，咱俩就一起分了吧。李某听了不禁心花怒放，乖乖跟随该男子来到一个小树林分钱。

突然，两个彪形大汉骑着摩托车从远处赶来，拎包男子赶快躲到树后面。李某还没明白过来是怎么回事，两个大汉就气势汹汹地指着他说：你捡了我们的钱，快点儿还给我们！李某连忙解释：是人家捡了钱，要跟我平分的。他还把口袋一一翻开，以示清白。这两个大汉不相信，硬说李某已把钱存进银行了。

李某委屈地辩解：今天我还没进过银行，怎么会把钱存入了银行？这时候，那个要和李某分钱的男子从树后面转出来，替李某辩解说：我在这附近玩儿，我可以做证，这位大哥的确没进银行。李某对这男子非常感激，这男子接着对李某说：大哥，你不如把存折给他们，让他们到银行查一下，你的钱不会有事。李某只好把存折给了其中一个大汉，大汉拿着存折走开了。

过了一会儿，留下来的那个大汉接了一个电话，然后告诉李某，要有密码才能查看存折里有多少钱。李某当然不愿意。这时候，那个要和李某分钱的男子把李某拉到树后面，热情地说：我不是捡到一袋钱吗？你可以先拿着，将密码说出去也不怕。李某接过厚厚的钱袋后，看到那些钱捆得很结实，少说也有十几万，用手摸一下前后两张，是真的，就顺从地说出了存折密码。

这两名男子先后借口离开。李某等了好久，还不见他们回来，感觉不对劲儿，急忙把那捆钱打开，这时才发现只有前后两张是真币，其余都是冥币。李某大吃一惊，赶紧跑到银行查询，发现自己的三万元存款已被人取走。他后悔不迭，赶紧报警，然而骗子早已逃之夭夭。

你看，在这个故事中，骗子说得有鼻子有眼，做得有规有矩，根本不像行骗，但是结果还是行骗。俗话说，天上不会掉馅饼，如果真的掉下馅饼，很可能有毒，千万不要贪便宜去吃。

处在超常条件下，可以更加低调而间接地拒绝。有时候会有一些亲朋好友来忽悠你，让你投资加入什么一本万利的项目，这时就得小心了。超高回报而风险很低的项目往往都是骗人的，这么好的项目打着灯笼都难找，即使真有也早被有门路的能人掌握，为什么会突然降临到普通的你和你的亲朋好友头上？其中必然有诈。亲朋请你加盟投资也许是故意的，也许是被别人蒙骗，这时你不好意思断然拒绝，可以间接拒绝，口头上答应对方，但是以目前资金困难为借口搪塞，这样既避免被骗又可避免伤感情，两全其美。

处在反常条件下，可以强硬高调地拒绝受骗。例如，骗子反复纠缠自己，又不担心报复，可以强硬拒绝，并且训斥对方。再如，有人请你加入传销，不管对方是谁，都要严词拒绝。

不过，目前有些传销的确非常具有诱惑力，经常是亲朋之间互相拉拢入伙。我们仔细分析一下。传销者一般是先拿出一些产品要你购买作为入门费，接着允许你发展下线，从中提取介绍费。这里面都有隐秘的陷阱。

首先，那些产品的价格严重背离实际价值，值一百块的收取几百上千块，你在这里就亏了。一些传销者会说，我的产品比其他的质量高，价格自然高。这看似有道理，但是你要清楚，产品质量高一点而价格同样高一点，这叫正常，产品质量高一点而价格高三点，这就不叫正常，而叫讹诈，你可不要做冤大头啊！

其次，人们多数是务实的，不会购买价格离谱的产品，因此你很难发展下线，也就很难赚钱。

最致命的一点是，就算地球上所有人都愿意加入传销组织，最后一批人又到哪里去发展下线来赚钱呢？所以任何一个传销组织都注定最终要灭亡，越是晚加入的传销者吃亏越大。因此，聪明而邪恶的人会做第一批、第二批传销者，聪明而善良的人从不做传销者，只有愚蠢的人才会做后来的传销者，为他人傻乎乎地贡献钱财。

处在混杂条件下，可以实行混杂技巧。如果你对一个人的话半信半疑，可以答应他的请求，同时提出自己的怀疑，要求对方提供更加详细而真实的信息，以便验证其真伪。如果对方不是骗子，往往就会满足你的要求，否则通常就是骗子。另外，可以拖延付给对方钱财的时间，对方如果是骗子就会等不及而离开你。

如果接到陌生人打来的电话，说你的亲人生病住院或发生意外，自己要保持冷静，既不要武断地拒绝，也不要一味服从陌生人的安排，要及时与亲属联系。若一时联系不上，可以尝试其他间接的联系途径，一定要辨别消息的真伪。发现可疑情况，应立即拨打110报警。

遇到回报不算低的招商、加盟或合作信息时，不要轻信，要仔细分析调查市场，多与有经验的亲朋好友商量或向当地工商、技术监督等有关部门咨询，不要急于做出决断，以防上当受骗。

当发现很可能已经上当后，人们往往舍不得那些已经付出的钱财，也不愿承认自己被愚弄欺骗，就容易自我安慰：我又不是傻瓜哪会受骗呢？可能是事情本来就复杂，不是假的吧。这种态度绝对要不得！此时，千万不要抱着侥幸的心理继续配合对方，而要果断中止合作，进行彻底的求证，哪怕因此得罪对方，失去一些钱财也在所不惜。这样能保住更大的财富，相当于赚了。

确认被骗后，如果有能力扳回来，可以将计就计，以骗制骗。

传说，胡雪岩的当铺曾收了一件稀世珍宝“商朝古董”，伙计没看出是假的就收下了，付了三百两银子。胡雪岩晚上检查时鉴定出是假的，决定将计就计。他立即派人通知全城的达官贵人，第二天来当铺鉴赏宝贝，并备好宴席庆贺。第二天，大人物们都来到胡雪岩的当铺，伙计抱着宝贝小心翼翼地从楼上走下，却不料一脚踏空，连人带宝贝滚下楼梯，“商朝古董”被摔成碎片。人们大呼可惜，古董被打碎的消息迅速传遍全城。

得知消息后，那个客人拿着三百两银子的银票和当票，要求赎回那件“古董”，否则就要双倍赔偿。胡雪岩收下银票，确认不假，就拿出完好无缺的“商朝古董”交给他。客人傻眼了。胡雪岩笑道：我摔的那宝贝比你这个更像真的！

第五章

我只是善良，不是傻，更不是好欺负

善良处于道德法则的核心地位，美观和真诚本质上也是一种善良。

虽然我们从小就知道做人要行善，但是如何行善？这里面大有学问。要尽量行善而不一根筋，碰到正常的事情就行善，碰到非正常的事情就不行善。因为行善只是手段，自利才是目的，手段必须服从目的。

善良法则包括严格要求自己善良和宽容他人的恶劣两个方面，具体表现为四个法则，即自谦而尊人、自立而助人、拒己恩而报人恩、律己恶而恕人恶。当然，每个法则都要分层对待。

1 _谦虚带来的尊严

谦虚对于为人处世很重要。或许有人对此心存疑惑，做人不是该讲究自尊吗？是应该自尊，不过，你在心里认为自己很优秀就行了，面对他人的时候，应该藏起你的自尊、自傲而拿出谦虚的态度。

李嘉诚回忆过去时说：“年轻时我表面谦虚，其实内心很骄傲。为什么骄傲？因为当同事出去玩儿的时候，我在求学问，他们每天保持原状，而我的学问日渐增加。”李嘉诚的这番话说出了多数人的心里话，每个人都认为自己比别人强，至少不比别人差，问题在于不要随便表现出来。

苏东坡十几岁时就读了许多书，他颇为自负地在自家门前贴了一副对联：“识遍天下字，读尽人间书。”后来，一位老者拿出一本书给他看，他却有许多字不认识，窘得满脸通红，就把对联改成“发愤识遍天下字，立志读尽人间书”，用以自勉。从此，他孜孜不倦地致力于读书，最终成为赫赫有名的一代文豪。

富兰克林是美国著名的政治家和科学家，他对别人讲，自己的一切成就源于年轻时对一位老前辈的拜访。富兰克林来到前辈所住的低矮茅屋前时，胸膛高挺，趾高气扬，结果“嘭”的一声，额头重重地撞在门框上，青肿了一大块，痛得他差点儿掉下眼泪。老前辈看到他这副样子，安慰道：“很痛吧，不过，这却是你今天最大的收获。任何一个人要想平安地生活，就必须牢记时刻低头，谦虚待人，这样既可免遭他人报复，又能获得他人的支持。”富兰克林牢牢地记住了老前辈的教导，把谦虚列为他一生的座右铭，不断向别人学习，最终取得极大的成就。

有些人知道做人要谦虚，但是不清楚其中微妙的艺术，只是一味自谦，反而落个虚伪做作的名声，适得其反。

谦虚待人同样需要分层对待，是否以及如何表达谦虚都要根据具体情况判断，其中首要的是观察他人的地位。以自己的地位为标准，把他人分为三等：

低等人：远远低于自己的地位。

中等人：与自己的地位基本相当。

高等人：远远高于自己的地位。

有人会说，人都是平等的，你怎么能把人分为三六九等呢？太不道德了！其实，人的平等是人格上的，而在社会地位上确实存在差异。人们在成就、实力上存在巨大差异，当然会形成地位的差别，难道你和比尔·盖茨地位一样吗？难道你和乞丐的地位相当吗？

处在一般条件下，我们要稍微谦虚，切忌自吹自擂。

面对和自己地位差不多的同事或熟人，你自认为很优秀，却要说自己不如别人，内心难免会有一丝别扭和痛苦。但是，你的痛苦会带来很大的补偿。你有什么本事，大家都知根知底，即便你说自己不行，别人也不会当真，不会看低你。相反，别人会觉得你是贬低自己而抬高他们，内心感动，自然喜欢你，敬重你，高看你。这样得大于失，不会吃亏，自谦等于自尊。相反，如果动不动就吹嘘自己这个好那个强，就相当于贬低别人，别人自然记恨你。

一家公司有一个女孩，每当同事们一起聊天，她都会王婆卖瓜自卖自夸，诸如自己多聪明，家里多有钱，亲戚家里多有钱等。还有，她每次穿新衣服或有个什么新东西都要大肆宣扬，让大家说一些好听、赞美的话，并期待看到大家羡慕的眼光和惊叹的表情。即使她说的是事实，在别人听来，也如同说自己是傻瓜穷光蛋，内心会痛苦，会愤恨。久而久之，大家厌烦了她这一套，渐渐地疏远她，最后她不得不辞职。

处在超常条件下，谦虚能带来很大的价值，我们要非常谦虚，甚至达到谦卑的地步。

我们有时会和权贵打交道，他们的自尊心非常强，特别厌恶别人在自己面前显摆本事。因此，我们不仅应该自谦，而且应该加大自谦的程度。如果对方称赞你有些成就，你不要欣然接受，要说是领导栽培、同事帮助、个人运气的结果，不是自己的本事，这样就会得到权贵的青睐。

有一个故事，虽然有不同的版本，但大同小异，讲的道理都是一样的。其中一个版本是这样的。

1671年，伦敦发生了一起举世震惊的盗窃案，一个叫布勒特的家伙带领四个人企图盗走英国国王的王冠，结果被抓。见盗贼如此胆大包天，国王感到好奇，决定亲自审问布勒特，而布勒特特别能言善辩，于是发生了以下滑稽的一幕。

国王问：“听说你有男爵的头衔？”

“是的，陛下。”布勒特老实地回答。

“据说你诱杀了艾默，才得到这个男爵。”

“陛下，我没有其他目的，只想检验一下他是否配得上您赐予的爵位。如果他被我轻松干掉，陛下就能选择更适合的人来替代他。”

国王觉得他既大胆又机灵，会为罪恶的事情寻找美好的借口，于是厉声问道：

“你真是胆子越来越大，竟然敢来偷窃我的王冠！”

“尊敬的陛下，我知道这个行为太狂妄了，不过，我没有蔑视陛下的意思，只想用这个办法来提示您关注一下我这个贫困的老兵。”

“笑话，你并非我的部下！”

“陛下，我始终不曾背叛您。现在天下太平，一切臣民都是您的部下，别人是，我当然也是。”

听到这话，国王不知不觉有点儿喜欢他，便问他：“那么你自己说，应该怎样处理你？”

布勒特用非常恭敬和伤感的语气回答：“尊敬的陛下，感谢您让我发言。我觉得，从法律的角度看，我们应该被处死。但是，我们五个人当中，每一位至少会有两个亲人为此痛哭。如果您赦免我们，亲人当然高兴，赞美您宽宏大度。因此，从维护陛下您的威望的角度看，增加十人的赞美比增加十人落泪好得多。”

国王无论如何也没有想到他会如此回答，审判他的事情竟然和自己的威望硬生生扯上关系，暗中有点儿佩服他的机智，接着又问：“你觉得自己是勇士还是懦夫？”

“尊敬的陛下，我来偷王冠，结果被您的卫士抓住，这绝不是一个勇士的举动。因此，尽管在他人面前我算一个勇士，但在陛下面前我只是一个十足的懦夫。”

这番恭维竟然让国王龙颜大悦，最后他不但赦免了布勒特，还赏给他一笔钱财。

如果想得到他人支持，创出一番事业，必须在人前低头。据说，周涛大学毕业后到某省级电视台求职，遭到了拒绝，但她没有灰心，而是要求留在传达室实习，干扫地、打水、送报纸打杂的活儿。她认真工作，热情对待同事，得到大家的一致认可。天长日久，看到一个名牌大学的毕业生在自己手下干这些活儿，电视台领导不忍心，于是破格让周涛上镜试播，有备而来的周涛让人眼前一亮，从此成为主持人，并且芝麻开花节节高，直至成为全国著名的金牌主持人。

即使你才高八斗，学富五车，如果你和别人干着一样的工作，拿着一样的工资，你的地位就和别人一样，没有高出半点儿，你就要与之平起平坐，不可清高自傲。就如同动物园的老虎，虽然强大，但是显示不出来，只能和阿狗阿猫平等相处。只有这样，大家才喜欢你，你才能占有一席之地，进而崛起。

不过，谦虚虽然重要，也不是什么时候都适用。处在严重有害的反常条件下，我们要抛弃谦虚，显示自尊。例如，在应聘时应该充分表现出自信，有什么优点都要说出来，不能说自己什么都不懂，这不是谦虚的时候，别人要的是你的真本事。

面对下属，领导自尊一些，高傲一点儿，炫耀一番自己的本事和成就，可以增强自己的威信。下属觉得很正常，不会心里骂你，更不敢开口骂你。不然，你对下属说自己不如他有本事，对方要么认为你下贱，要么认为你装蒜，是戏弄自己。你既然不行，为什么当领导呢？这就像一只仙鹤处在鸡群，它可能低头吗？

许多人简单地认为，当别人称赞自己棒时，自己要摇头，要说“不”，这就是谦虚，否则就是骄傲自大，别人会看不起自己。其实，事情没这么简单，要分情况对待。当别人只是出于客套赞美你时，你也要出于客套谦虚一下。但是，当你展示了高超的技艺，把人们都征服了，对方真心称赞你时，就不要客套，直接接受他的称赞，感谢他的赞美，否则显得别人看走了眼，还显得你虚伪矫情。

当别人瞧不起你时，更不能谦虚。1919年，徐悲鸿到法国学习西方绘画艺术。有一次，一个洋学生对他说：“中国人愚昧无知，天生是亡国奴的材料，即使把你们送到天堂里学习，也不会成为人才。”徐悲鸿被激怒了，大声回应：“那好，我代表我的祖国，你代表你的祖国，等毕业时，看到底谁是人才，谁是蠢材！”他刻苦学习，技艺飞进，在数次竞赛和考试中都获得第一名，使得那个蔑视中国人的洋学生自惭形秽，无地自容。

徐悲鸿这样的自尊自大大长中国人的志气，值得提倡。当然，徐悲鸿的这种自大是被迫的，他平时非常谦虚。有一次，在一个画展上，一位乡下老农上前对他说：“先生，您画错了。您画的是麻鸭，雌麻鸭的尾巴都是很短的，哪有那么长的？”徐悲鸿没有觉得自己是大画家就拒绝批评，他向老农表示深深的谢意。

我们为人处世都应像徐悲鸿那样谦卑而不卑贱，该谦虚就谦虚，该张扬也要张扬，不可总是一副面孔走天下。

2 _敬与不敬，全看环境

我们知道，与人交往，要尊敬他人，但尊敬到什么程度合适，是否时时处处都要尊敬呢？这要视情况而定。处在一般条件下，我们做到一般程度的尊敬就行了。

面对和自己地位差不多的同事和熟人，我们通常要尊敬他们。现在的人都非常自尊，年青一代更是自命不凡，非常在意别人对自己的态度。你尊重他，他就会喜欢你。为了感谢，也为了继续得到你的尊重，他会反过来尊敬你。我们都有这样的体验，一个同事或熟人迎面而来，见到你，主动招呼，热情问候，你的内心是什么感觉？肯定是暖洋洋的，于是马上笑脸回应。诚如古人所说：“敬人者，人恒敬之。”

生活中总是有些狂人，他们喜欢事事压别人一头，举手投足摆架子，一副老天老大我老二的气派。见到人，心情好就搭理，心情不好就爱答不理的，好像别人都欠他两百大洋。和人说话，盛气凌人；别人请求，爱帮不帮。讨论一件事情，只要自己认定的就是正确的，别人说的就是错误的，反对自己就是和自己过不去。天长日久，狂妄者往往被人们厌恶和排挤，这个年代谁服谁啊！你要面子，别人同样要面子。你把大家都踩在脚下，大家只好把你踢走，哪儿凉快哪儿待着去。

有一天，德国大文学家歌德在一个公园的狭窄小道上散步，碰巧遇见一个高傲的评论家。由于无法同时通过，两人都停了下来，对视一眼后，评论家说：“我从来不给傻瓜让路。”歌德平静地说：“我正好相反。”说完让到了一边。评论家羞愧地逃走，骂人不成反骂己。

处在特别有利的超常条件下，我们不能只做到一般程度的尊敬，而要更上一层楼，非常尊敬他人。

当我们有求于别人，尽管双方地位平等，甚至自己的地位更高，你的态度也不能和平常一样，要更加尊敬对方，对方才会内心受用，痛快帮忙。

当遇到大官大款大能人，我们也要非常尊敬对方，一定要首先主动打招呼，不能等着对方发话；态度一定要热情恭敬。如果有机会深入交谈，自己要殷勤对待，善于迎合，并说上几句奉承话。

秦朝末年，张良暗杀秦始皇未遂，被悬榜通缉，不得不藏到下邳（现属江苏省）。一天，张良经过一座桥，一个穿着简陋的老翁坐在桥上，等张良走到身边时，故意把鞋脱落桥下，然后傲慢地支使张良：“喂，小子，下去给我捡鞋！”张良愕然，但还是强忍着心中的不满替他捡了上来。随后，老人又大大咧咧地跷起脚来，命张良给他穿上。此时的张良有些愤怒，但是他知道世间的狂人多数是高人，又看到老人气质不凡，便认定他大有来头，因此敬意顿生。张良跪下来，小心翼翼地帮老人穿好鞋。老人对张良赞叹道：“孺子可教矣。”并约张良五日后的凌晨再到桥头相会。张良不知何意，但还是恭敬地答应了。

五天后，鸡鸣时分，张良急匆匆地赶到桥上。谁知老人故意提前来到桥上，痛斥道：“与老人约定，为何迟到？五日后再来！”说罢离去。结果第二次张良再次晚老人一步。第三次，张良索性半夜就到桥上等候。他经受住了考验，其至诚的崇拜精神感动了老者，于是送给他一本书，说：“读此书则可为王者师。十年后天下大乱，你可用此书兴邦立国。十三年后再来见我，我乃黄石公。”说罢，扬长而去。张良借着月光一看，乃《太公兵法》。从此，张良日夜研习兵书，终于成为一个足智多谋的智囊，帮助刘邦打下江山。

世间少高人，高人多狂傲，如果我们碰到行为狂妄的人，先要观察一番，不要一概斥责，说不定会遇到贵人，像张良那样飞黄腾达。

不过，处世也不可一味尊敬他人。处在特别有害的反常条件下，我们可以抛弃尊敬，甚至蔑视他人。

针对地位比自己低的人，略微尊敬即可。大企业的总裁和普遍员工相遇时，员工热情问候，总裁只需轻轻点头，这同样合适。如果总裁和一个普通员工称兄道弟，勾肩搭背，自己会觉得掉价，如同用一百元买下只值一元的东西，浑身不舒服；别人也不会认为他平易近人，而是认为他在作秀，或者有什么把柄被攥着，反正不正常。

有的人心肠善良而头脑单纯，对谁都热情招呼，笑脸相迎。其实，这样弊大于利。固然，地位不如你的人特别感激你，但有些个性强的人会认为，你对谁都一个态度，等于把他和地位低的人放在一起，相当于看低他。相反，你对别人态度稍微冷淡，对他格外热情，他就特别高兴，对你另眼相看。因此，做人切忌搞平均外交，不能一碗水端平，只有有所侧重，表现出差别，才能获得最佳效果。

另外，有些人就是欺软怕硬，对他一味谦让，他把你踩到泥土里也不会可怜你。对这种人适当地冷淡和蔑视，既维护了自己的尊严，可能还会让他尊重你。这时傲慢狂妄的做法看似不道德不正义，却恰恰维护了道德和正义。

有的人尽管有很高的名气，但品德不好，行为乖张，也不值得你尊重。

1942年，徐悲鸿任重庆国立中央大学艺术系主任，而蒋介石挂着中央大学校长的虚职，常在校内坐滑竿（一种简易的竹轿）进出，随从和卫兵前呼后拥，威风凛凛。因为讨厌国民党的腐败统治，徐悲鸿每次与蒋介石相遇，既不让路，也不打招呼，总是器宇轩昂，漠然视之，蒋介石也无可奈何。徐先生这种清高傲岸的骨气实在难能可贵，令人肃然起敬。

记者采访时一般会对采访对象很尊敬，但有时为了追求特定的效果，可以耍点儿花样。1941年1月27日，刚开完会的丘吉尔来到唐宁街10号的一个小隔间拍摄照片。摄影师卡特看到抽着雪茄的丘吉尔显得过于轻松，和他所设想的领导神韵不符，因为丘吉尔是以强硬姿态著称的，而这时英国正在抵抗希特勒法西斯的侵略，也需要展现领导人的强硬色彩。为获得丘吉尔的强硬形象，卡特走上前去，一边说“对不起”，一边把雪茄从这位领袖嘴里拿开。丘吉尔吃了一惊，他被卡特的不敬之举激怒了。就在他怒视卡特的一刹那，卡特按下了快门。

丘吉尔发怒的照片在世界广为流传，成为他照片中最著名的一张，摄影师卡特也一举成名。

3 _需要自立，警惕孤立

人生一世，无论大人物还是小人物，都有一本难念的经。如何解决自己的困难？头脑简单的人一味宣扬要自己战胜困难，聪明人则对症下药，在必要的时候寻求别人的帮助。

处在一般条件下，我们要自立自强，独立解决困难。

有些人生性懒惰，碰到一些微小的困难就不愿意干了，总想说几句好话让别人干自己的活儿。你要知道，人人自保自私，别人都有自己的工作，哪有闲心闲工夫帮你？如果碰到个性强的人，当即就会抢白你一顿：我和你不沾亲不带故，这点儿小事也麻烦我，拿我当奴才使唤啊；这么点儿小事也不自己做，拿自己当领导啊！即便别人碍于情面，帮助你解决了问题，也不要得意扬扬，你已经欠下人情债，早晚要还；如果不还，以后人家绝不再帮助你。

非常有意思的是，一些所谓的困难其实是自己吓唬自己，仅仅存在于自己的脑子里，实际上子虚乌有。

有这么个故事。琼斯在大学毕业后进入美国一家不出名的报社做记者。一天，上司交给他一个任务：采访一个大法官。

第一次接到这么重要的任务，性格羞怯的琼斯不是眉开眼笑，反而愁眉苦脸。他想：自己所服务的是个小报纸，自己也是个小记者，大法官怎么会接受自己的采访呢？同事史蒂芬鼓励他："我很理解你。但是，这就如同躲在阴暗的房子里，然后想象外面的阳光多么明媚。其实，想象中的困难未必真实，最简单有效的办法就是往外跨出第一步。”

说完，史蒂芬立即拨打大法官的电话，然后直截了当地说出要求：“我是××报记者琼斯，奉命采访大法官，请问您可否接见我？”旁边的琼斯吓了一跳。

对方回应后，史蒂芬对琼斯说：“瞧，直接对别人说出你的想法，不就管用了吗？明天下午1点15分，你的约会定好了。”琼斯似有所悟。

多年以后，琼斯已经成为报社的台柱记者，敢作敢为，闻名全国。回顾此事，他仍觉得刻骨铭心：“从那时起，我就学会了单刀直入，不再前怕狼后怕虎，这做起来不易，但很管用。而且，第一次艰难克服了内心的畏怯，下一次就容易多了，实际的困难比想象的要小得多，甚至压根儿不存在。”

处在特别有利的超常条件下，我们必须非常自立。

当自己做的事还差一点儿就完成了，即便此时感到困乏难耐，也要打起精神继续工作。当别人主动表示帮忙时，也要拒绝，不要觉得有便宜可占就答应别人帮忙，为这点儿困难就欠下人情债，太不值得。

如果你经常遇到较大的困难，向别人求助几次后，就不要再求人帮助，不仅仅是自己张不开口，别人也讨厌再帮助你，不要自找难堪，求人不如求己。

普通人往往躲着困难走，而有志者常常迎着困难上。有志者把困难当作丰富的营养，当作成功的阶梯。只有多解决困难，才能壮大自己的实力，以后才能解决更大的困难，收获更大的成功。可以想见，一个习惯于在困难面前止步的人，必然习惯于在成功面前止步；一个习惯于把困难让给别人的人，也会把成功让给别人。

值得强调的是，有些困难看似不可克服，其实不是真的不可能克服。只要具备压倒困难的气势，树立信心，把自己的能力完全发挥出来，努力再努力，坚持再坚持，多费费力气，多动动脑筋，就会战而胜之。这时困难如同一个有知觉的敌人，你们双方博弈的不是实力而是勇气，你不怕困难，困难就怕你，你若更强它就更弱，最终败下阵来，乖乖地为你敞开胜利的大门！

一天，法国文学家大仲马得知儿子小仲马寄出的稿子屡屡被编辑退回，便同情地说："你再寄稿时，加上一句话——我是大仲马的儿子，情况可能会好得多。"小仲马固执地说："不，我不愿意站在您的肩膀上摘苹果，那种苹果味道不好。"小仲马不但不拼爹，而且取了许多笔名，以避免编辑们联想到他父亲。

小仲马屡败屡战，顽强地坚持创作。他的长篇小说《茶花女》寄出后，一位资深编辑认为其情节绝妙，文笔精彩。在打算回信表示采用时，编辑突然发现作者的地址和大仲马的一模一样——他和大仲马有着多年的书信来往，但蹊跷的是，作品风格和作者姓名都不一样，难道大仲马更换笔名了？于是编辑造访大仲马，方得知真相。小仲马解释说："我不依靠父亲的盛名，我只想拥有真实的高度。"老编辑对小仲马赞叹不已。

《茶花女》出版后，法国评论家普遍认为它远远超越了大仲马的代表作《基督山伯爵》，小仲马一时声誉鹊起。

如果遇到带有不良企图的帮助，自己再困难也要果断拒绝。战国时期有一位叫列御寇的有道之士，心胸豁达，贫富不移，宠辱不惊。因家中贫穷，常常吃不饱肚子，以致面黄肌瘦。有人劝郑国的高官子阳资助列御寇，以落个好士之名，于是子阳就派人给他送粮食。但是，列御寇再三推辞，无论如何不愿意接受。妻子埋怨说："我听说跟着有道的人，妻子和孩子都能快乐地生活。现在我常常挨饿，而你却拒绝达官显贵的馈赠，我真是命苦啊。"列御寇笑着对妻子解释："子阳并不真正了解我，现在是听了别人的好话才送粮给我，以后他也可能听从别人的坏话惩罚我，所以我不可接受。关键的问题是，接受别人财物而不报答道义上有亏，但子阳昏庸无道，受到百姓痛恨，我怎么会为他做事呢？"后来，郑国果然发生动乱，子阳被杀，他的党羽都被株连，而列御寇安然无恙。可以想象，如果他当初不计后果地收下子阳的粮食，甭说吃饭，恐怕连吃饭的家伙也保不住了！

处在反常的条件下，自立得不偿失，我们就应该反其道而行之，向人求助。

有时候，自己缺乏时间、材料等，解决问题有很大的困难，而别人却很方便，就不如请别人帮忙，别人也会理解，痛快答应。否则，自己硬着头皮单干，不但不会赢得别人的赞赏，反而可能发生误解：你太“独”，和大家不是一伙人，你也不喜欢别人求你。

有些人自尊心太强，面子特薄，怕丢面子，就不愿求人。的确如此，求人总是要低人一等，低声下气的，脸上挂不住。但是，与困难造成的极大损失相比，面子算什么？能求人相助却独自硬撑，别人不会赞赏你，反而认为你是傻瓜一个，死要面子活受罪；而自己最后穷困潦倒，既丢面子又丢里子。

为人处世，自立与求人并不矛盾，一味自立就会导致被孤立。我们多数时候要自立，少数时候应求人，只有如此才能征服一切困难，取得成功。

4 _可以学观音普度众生，但不要做过江的泥菩萨

别人遇到了困难，你帮忙不帮忙？

一般条件下，我们要给予适当的帮助。

一般而言，如果是比较小的困难，都会自己独立解决，只有自己解决不了时才会求助他人，那你应该痛快答应帮忙。有些人喜欢看别人的热闹，闲着也不帮忙，迟早有一天这些人也会被别人看热闹。谁都有遇到困难的时候，都渴望别人搭把手，替别人解决了困难，对方自然感激你，回报你。因此，助人也是助己，要助己先助人。

徐世昌做过民国总统，可是他并没有做出过什么突出的贡献。他的发迹基本上得益于结交袁世凯。

徐世昌在淮宁县任文案一职时，结识了青年袁世凯。袁世凯非常倾慕徐世昌的才气，徐世昌则欣赏袁世凯的大志，两人结拜为兄弟。袁世凯得知徐世昌无钱赴省城应试后，慷慨解囊，赠送一百两银子。徐世昌也确实有才，在科举考试中连连得中，后来任翰林院庶吉士。再后来，袁世凯去投靠徐世昌，徐世昌此时虽然做了官，但是没有轻视袁世凯这个小人物，他把袁世凯推荐给李鸿章。傍上李鸿章这棵大树，袁世凯逐渐发达，反过来又提携徐世昌。徐世昌搭上袁世凯这辆顺风车，逐渐做到军机大臣。进入民国，他做过袁世凯的内阁总理，最后居然成了民国大总统。相互帮助造就了这样一个奇迹。

还有一个广为流传的故事。一天晚上，一个小姑娘遇见一位盲人提着灯笼走路。这不是多此一举吗？小姑娘忍不住询问盲人。盲人回答：“其实，我提灯笼并不是为自己照路，而是为了让别人容易看到我，不会撞到我。而且，由于我的灯笼为别人照明，人们也热情回报我，带我走过沟沟坎坎，避免了许多危险。”

诸如此类的故事，还有许多，它们无不说明一个简单而深刻的道理：助人往往就是助己。

如果处在特别有利的超常条件下，我们必须给予他人重大的帮助，要么态度主动积极，要么多多出钱出力。例如，看到领导碰到了困难，应该不等招呼就上前帮忙，即使他不需要你帮忙，你也要做出真诚帮助的姿态，意思意思也有用。领导受用，以后自然关照你。

如果你是一个大富翁，更应该行大善，多多回报社会。有一个神话故事富有意味。甲和乙两人死后一起来到了阴曹地府，阎王查看过功德簿后说：“你俩前世没有做过大的坏事，我允许你们投胎做人。现在有两种人可供选择——付出者和索取者，你们选什么？”

甲暗想，索取就是坐享其成，太舒服了！于是抢先说道：“我要当索取者。”乙是个勤快人，就表示甘愿当付出者。

结果，甲投胎转世后，成了一个乞丐，每天都在乞讨别人的钱财。而乙呢，转世后变成了一个大富翁，每天都在施舍给他人钱财。

这个故事虽然是虚构的，却讲出了一个实在的道理：富人富有财力，最应该行善。

放眼世界，许多亿万富翁同时都是大慈善家，比如比尔·盖茨。但是，中国的富翁慈善意识比较差。有些人认为捐助是个人的事情，心情好就多捐，没心情就可以不捐。此言差矣。

任何人致富都需要社会资源的参与，富人的财富都是通过支配他人取得的，并非完全来自个人的努力。换句话说，你的财富不全是你的，部分属于他人。财富越多，依赖社会的程度越大，就越应该反馈给社会。从另外一个角度说，任何个人都不是遗世独立的，为自己所在的集体和社会做贡献是应尽的责任。

我们帮助别人一般是被动的，在他提出请求后才予以帮助，但是当他人遇到极大的苦难时，我们应该主动帮助，不必等他来求助。也许不用出多少钱，上前慰问，表示一下关心，也是一种重大的爱护。

在“5·12”汶川大地震发生后，祖国各地的人纷纷前去营救，或者捐款捐物，甚至有许多乞丐都捐钱，有个乞丐捐款100元，这比大款捐1万元都令人感动。

这极其感人的一幕发生在南京市的一个募捐点。一天中午，一名约60岁的老人来到募捐点，他头发花白，穿着破烂的衣服，手中还拿着一个讨饭碗。老人哆哆嗦嗦地从口袋里掏出5元钱，放进募捐箱，嘴里念叨了一句：“为灾区人民……”工作人员都愣住了，感动得眼睛湿润。

更加令人感动的是，下午老人再次出现，并且掏出一张百元大钞塞进了募捐箱。工作人员惊呆了，纷纷上前询问。原来，老人本想多捐一点儿钱，但身上全是讨来的零钱，不好意思拿出来，就到银行换成了百元大钞。老人说：“灾区的人比我更困难，他们的生命都受到威胁，不容易啊！”

请大家记住这个普通而又伟大的中国人：徐超。

有人认为，自己既不害人，也不帮人，就不是作恶，自己就不是恶人，别人就不能拿自己怎么着。这在一般情况下当然成立。他人的困难很小，你不帮助，没人说三道四。他人的困难虽然大，但你要付出巨大的代价才能帮他，这时你选择拒绝，别人也会理解。但是，当别人面临生死危机，你举手之劳就能救人，却袖手旁观，无动于衷，那你就是一个不折不扣的恶人，就会受到众人的唾骂和攻击。在2009年长江大学学生救人事件中，当时在场的有一条小渔船，群众认为船老板没有人性，就将他殴打一顿，还把他船上的渔具烧毁。你能说他冤枉吗？不冤！

无锡市中级人民法院公布的2011年度无锡法院十大典型案例中，姚某的那件案子最受关注。

2010年6月27日傍晚6点左右，姚某6岁的儿子在家附近的河道小码头玩耍，不幸落水。此时，姚某恰好路过，听别人说有小孩落水，以为是别人家的孩子，就没当回事，没有立即下水救援。当他回到家找儿子却没有找到，才感到大事不妙，返回出事河道，发现溺水的正是自己的儿子。姚某将儿子救起，但为时已晚，小孩已经溺水身亡。事后，姚某以社区居委会没有尽到安全保障义务为由发起诉讼，并索取赔偿，结果被驳回。

需要说明的是，我们提倡助人为乐，并非见忙就帮，不计前因后果，那不是聪明人的做法。处在反常条件下，为避免较大的危害，我们可以放弃帮助。

如果熟人碰到一点儿困难就随意提出来让你帮忙，你应该果断拒绝，这是把你当奴隶和仆人使唤，不要傻呵呵地视作看得起你。

有种人是冷血动物，只进不出，光沾光不帮忙，如同铁公鸡，一毛不拔。对于这种小人，即使他遭遇很大的困难也不要帮他，帮他是浪费你的力量和感情，说不定在你帮忙时，他内心还嘲笑你是傻瓜呢。

有的人年纪轻轻，却不思进取，好吃懒做，因而穷困潦倒，这样的人不值得可怜，没必要帮他，任其自生自灭也不为过。

我们尤其要注意的是，看到他人遇到危险时，自己不能光有热心肠，一定要考虑有多大的风险，自己的能力是否足够，自己的方式是否妥当，切忌自杀式助人。有些好心人看到他人遭受了苦难，内心一酸，头脑一热，想也不想，就冲上去帮忙，一点儿也不考虑效果，这就显得鲁莽甚至愚蠢，不值得称道，更不值得学习。

2009年10月24日，武汉长江大学的一些学生去集体野炊。下午2时左右，一些同学在长江边游玩时，突然发现两个小男孩落入水中。同学们迅速冲了过去，自发地手拉手组成人梯下水救人。两位少年得救了，但这时意外发生了，由于水流湍急，人梯被冲垮，很多不会游泳的学生落入江中。情况危急，岸边的同学大声呼救。附近的冬泳队队员闻声赶来，相继从水中救起数名大学生，但仍有3人不幸溺亡，他们是陈及时、何东旭、方招。

3个风华正茂的小伙子就这样走了，走得惊天动地又令人痛惜。毫无疑问，救人行为很高尚，救人精神值得提倡，但是这种方式值得商榷，他们高估了自己的能力。如果是在小池塘，水不过腰，不会游泳的成年人也可以下水救人。但是在长江上，水急浪大，不考虑方法和后果鲁莽地救人，很可能就是泥菩萨过江，自身都难保。

3个小伙子被评为见义勇为的烈士，令人敬佩，也令人惋惜。在社会上，我们还看到许多类似的自杀式救人的例子，我衷心希望，人们一定要讲究助人的方式，助人所需要的不仅是热心肠，还要有“冷”头脑，否则很可能做不成善事，反而造成更大的损失。

5 _是否接受报恩不是你一个人的事

我们帮助他人之后，对方一般会有所报答，对此怎么处理呢？

处在一般条件下，我们不要轻易接受别人的报答。偶尔帮助别人解决一个小困难，自己不会付出多少代价，几乎没损失。如果你随意接受报答，或者趁机索取报酬，别人就会觉得你不是真心帮助他，就对你很冷淡；或者认为已经还了人情，就不再关心你以后的事情，等你真正需要帮助的时候，人家视而不见，你就亏大了。反之，拒绝报答，别人就会认为你真心帮他，就会真心喜欢你，把这个人情账记在心里，等到你有困难的时候，别人就会积极帮忙。

在19世纪的英国，一个男孩在玩耍时掉到了沼泽地里，旁边一个农夫发现后将他救了上来。被救孩子的父亲是一位有爵位的绅士，他向农夫表示感谢，并执意要给他一大笔酬金，农夫说什么也不接受，因为自己虽然救了孩子的命，但是没费多少力气。绅士十分感动，决心无论如何也要报答他。这时绅士发现农夫身后有一个和自己儿子年龄差不多的男孩，于是说：这是你的儿子吧？如果你同意的话我愿意供他上学。农夫想了想，知道他是诚心回报，又考虑到儿子的前途，就答应了。

几十年后，农夫的儿子发明了青霉素，他就是弗莱明，而那个被农夫救起的小男孩则成为英国的首相，他就是丘吉尔。

丘吉尔做首相后不幸患上肺炎，多方医治收效甚微，这时，有人向他推荐一种叫青霉素的新药。由于青霉素尚处于临床试验阶段，医生们不敢用在首相身上。

丘吉尔也十分反感自己被当作试验品，可是，当他得知青霉素的发明者是弗莱明时，就同意试一下。结果，丘吉尔很快恢复了健康。而青霉素也因为丘吉尔的使用，迅速推向全世界。

处在特别有利的超常条件下，我们要坚决拒绝对方的回报。

虽然自己帮助对方解决了很大的困难，但自己十分富有而对方十分贫困，那么你可以接受一点儿小礼品，意思意思，但要拒绝贵重的礼品，否则就会无意之中给对方造成新的困难。

自己的举手之劳帮助别人解决了比较小的困难，别人表示感谢时，你一定要说“不客气”“应该的”之类的话，不要没有反应。当别人用礼物表示感谢时，可能只是客套一下，自己要坚决拒绝，不要理所当然地接受，不要占这个便宜，否则对方会在内心讥笑你贪财。

一天深夜，在美国一个城市，一对老年夫妻走进一家旅馆，想要一个房间。前台侍者回答说：“真是对不起，我们已经客满了，一间空房也没剩下。”老人失望地说：“我们已经去过很多旅馆，可是都没有空房了。”

好心的侍者就把他们引领到一个房间，说：“它不是标准的客房，但我也只能做到这样了。”老人见房内很整洁，就愉快地住了下来。

第二天，当夫妻两个到前台结账时，侍者却说：“不用了，那个房间不是旅馆的客房，是我自己住的。”原来侍者一夜没睡，就在前台待了一个通宵。老头感动地说：“孩子，你是我认识的最好的经营人。好人必有好报。”侍者又送两位老人出门。

后来的一天，侍者接到了一封信，请他去纽约经营一个大酒店。原来，那个深夜他接待的是亿万富翁威廉·阿斯特和他妻子。富翁在纽约为他买下了一座大酒店，深信他会经营好。这就是在全世界赫赫有名的希尔顿饭店首任总经理乔治·波特的传奇故事。

为人处世不可一根筋，如果不接受对方的回报会产生坏的效果，那就可以接受回报。

对随手递过来的很小的礼品不必拒绝。例如，帮着别人往楼上搬东西，对方递上一支烟，就用不着客气。

当你帮助别人解决了极大的困难，对方内心大受感动，用礼品表达谢意时，你应该接受；否则，对方就会过意不去，认为亏欠你很多，或者认为你看不上那些礼品，你的好心就变成了伤害。

在古籍中记载有这么一个故事。孔子的学生子路救了一名溺水的陌生人，被救者以一头牛作为回报，子路收下了。去拜访老师时，孔子说：你做得很对，从此鲁国将产生一种救助他人的美德。这是因为，社会上大多数人都是普通人，非常在乎钱财，而救人一命属于大恩，理应得到很大的回报，只有得到回报才能促使人们继续大力行善。

当时的社会允许贩卖奴隶，鲁国就出台了一项政策：鲁国人在外碰上沦为奴隶的同乡，如果赎回，则国家给予全额赔偿。因此，鲁国人很少有在外面做奴隶而不得救的。

孔子的另一个学生子贡非常富有，而且非常高尚，有一次在外赎回了一个沦为奴隶的鲁国人，当国家给予赔偿时，子贡却拒绝了，理由是他以救人为己任。

子贡乐滋滋地去拜访老师，不料被孔子大骂一顿，说他破坏了鲁国的一项善举。这是因为，圣贤所做的事，可以改变人们的风俗习惯，影响老百姓的行为，并非只是个人的事。现今，鲁国富人少而穷人多，子贡收下国家的补偿金，并不会损害其善举的价值；而子贡不肯拿钱，则鲁国人就不肯再替沦为奴隶的本国同胞赎身了，以免落个不够高尚的名声。

我们中国人非常讲究人情道德，喜欢虚礼，而西方人非常讲究实际效果。2006年，在德国留学的中国青年杨立骑着自行车旅行。一天，他被几名警察拦住，带进警局，不明内情的杨立非常紧张。这时，杨立接到克里斯托镇镇长打来的电话，感谢他拾金不昧，并要他回去领取500欧元的奖金和一枚荣誉市民奖章——这是小镇对拾金不昧者的奖励。

原来两天前杨立路过克里斯托，捡到一个皮夹，内装有几千欧元和三四张信用卡，于是送到了镇政府，连姓名也没留就离开了。现在镇长希望他回去领赏，他想都没想就谢绝了，并解释：施恩不图报是我们中国的传统美德，如果自己接受奖金和荣誉，反倒显得动机不纯。

镇长严肃地回答：报恩并非你们中国人认为得那么简单，不是个人的问题。可以说，你拒绝我们的请求，等于破坏我们的价值规则。尊重善举是我们每个公民的责任，这可以勉励更多的人行善。因此，我们不能因为你的无私而放弃自己的责任。再说，为找到你，我们已经花费大量的人力，动用了一百多警力。那些奖励你可以不在乎，不过你必须接受。

这番话彻底颠覆了杨立对“施恩不图报”的理解，他第一次认识到所谓的德意志智慧，还有这个民族近乎古板的严谨。他明白自己无法辜负那份尊重，就答应回到小镇领赏。

一个小伙子叫刘周，他租住的院子里搬来一位中年妇女，卖水果的。一天早上，妇女让刘周帮忙把摆放着水果的木板抬到三轮车上。刘周帮忙后，妇女感激地对他说：“大兄弟，谢谢你了，吃个苹果吧。”刘周连忙摆手：“不用客气，不过是举手之劳。”

随着时间的推进，刘周帮她的次数逐渐多了起来，妇女每次请刘周吃水果，都遭到谢绝。一次，妇女把水果递到刘周手里，刘周又放到她的车子上。妇女说：“你太客气了，你不吃，大姐还真有些过意不去呢。是不是看不起大姐？”脸上显出痛苦的神色。刘周内心一紧，赶紧拿过苹果，说：“需要帮忙就说一声，同住一个院子不必客气。”妇女笑道：“你吃几个苹果，大姐也赔不了，这样大姐心里舒坦些，要不我就不好意思再叫你帮忙了。”以后，再请刘周帮忙，她就没有了以前那种拘谨。

帮个小忙刚开始不收礼物是对的，但是小忙经常帮就从小恩变成大恩，量变引起质变。俗话说得好，恭敬不如从命，人家诚心诚意报答你，你如果拒绝就会造成伤害，好心成了驴肝肺。

不过，我们必须特别注意的是，收取别人一些回报虽然应该，但是必须适可而止，切忌没完没了，否则人家感觉吃了大亏，就会怨恨你。

有个朋友说起一件报恩的事情，十分感慨：调动工作时一位老乡帮了我大忙，于是他成了我们全家的恩人。他家里有事，我们一家要立马去做，不管做到做不到，都不敢拒绝，慢一点儿就说我们忘恩负义；逢年过节要去送礼，去得稍晚一些便被指责为薄情寡义。年复一年，这份恩情压得我喘不过气来了！以前，我对恩人在内心感到很亲切，后来有了厌恶的感觉。终于有一次，我忍无可忍，和他大吵一顿，关系破裂，曾经的恩人变成了现在的仇人。这个朋友也是被逼无奈，谁愿意用一辈子的辛苦去报答别人一阵子的恩惠呢？

6 _是否报答，不要只看受到的恩惠有多大

羊有跪乳之恩，乌鸦有反哺之情，我们作为人，更应该懂得报恩。不过，报恩不是简单的事情，需要辩证对待。

一般条件下，我们经常受到同事和熟人给予的小恩惠，当然应该有所报答。当别人帮你出了一个好主意，帮你拿东西、写文件、说好话，你要及时地表达感谢，诚心诚意地说句感激话，或者送个小礼品。报恩会让你的良心得安，不欠人情，就能理直气壮，平等来往。否则，见到对方就会感到愧疚，矮人一截，对方让你做一些违背原则的事情，你也不好意思拒绝。

报恩会让别人感到自己的帮助有意义。虽然别人口头上说不客气，但是内心总是期盼有所回报，你报恩，对方才会继续帮助你，只有报人恩才会再得人恩。否则，别人会认为你看不起他，自己“费力不讨好”“白帮忙”了，下次你有困难的时候，就可能离你而去，最终受损的还是自己。

处在特别有利的超常条件下，我们必须郑重地报恩。

当一个大人物给了你恩惠，哪怕很小，也是给了你很大的面子，你就要郑重其事地感恩，还可以借此机会拉拢关系，否则就显得你不识抬举。

如果有个人三天两头给你一些小恩惠，量变引起质变，你就要郑重地感恩了，否则就是不懂事。

对重大恩惠更是要大力报答。中国有句古话，大恩不言谢，它不是说不用感

谢，而是说不可仅仅在口头上感谢，既要真诚致谢，也要有物质和行动上的表示，比如请人吃饭，备下重礼，和大恩人保持联系，逢年过节去探望，听说恩人有什么难事主动帮助等。如果只是道谢，不“出血”，不送礼，就显得缺乏诚意，如同不报恩。你会受到人家的鄙视，骂你白眼儿狼，戳你脊梁骨，以后恐怕没人愿意再帮你。

在《战国策》中记载了这么一个故事。在一个名叫中山的小国，有一次国君设宴款待都城内的名士，碰巧羊肉羹不够了，有几个人没有喝到。其中有一个叫司马子期，他认为被轻视了，怀恨在心，竟然跑到楚国劝说楚王攻打中山国。

楚国是个强国，很容易就攻破中山，中山国国君只好逃亡国外。他惊奇地发现，有两个人手拿武器紧紧地跟随他保护他，便问：“你们为什么要这么做？”两个人回答：“以前，臣的父亲快要饿死，被您赏赐的一壶食物救活。他临死前嘱咐，中山有任何事变，我们必须竭尽全力，甚至不惜以死报效国君。”中山国国君感叹地说出一句名言：“赠礼不在乎多少，而在于别人是否需要；怨言不在乎深浅，而在于是否伤害人心。我因为一杯羊肉羹而亡国，却由于一壶食物而得到两位勇士。”

俗话说，雪中送炭胜于锦上添花。如果在困难时期得到救助，一定要提高回报的程度。

20世纪初期，德国工程师斯坦门茨来到美国谋生，在危难之际得到一家小工厂老板的重用。绝处逢生，斯坦门茨感恩戴德。

1923年，福特公司有一台巨大的电机坏了，技术员修了很久都没修好。听说斯坦门茨精通电机，福特公司就请他来。果然不同凡响，斯坦门茨什么也没做，仅仅把一张席子铺在电机旁，趴在上面仔细听了一阵，接着在电机的一个部位用粉笔画了一道线，说：“这里的线圈多绕了16圈。”旁边的技术员半信半疑，拆开电机，取走多余的16圈线，再开机，电机正常运转起来，神了！

福特公司总裁福特得知后，十分欣赏斯坦门茨，付给他1万美元的酬金，并亲自邀请他加盟。斯坦门茨拒绝了，说他不能离开那家小工厂，因为那家老板在他最困难的时候帮助了他。

福特既遗憾，又大为感慨。福特公司是著名的大公司，人们都以进入福特公司为荣，他竟然为了报恩而自动放弃这么好的机会。为得到斯坦门茨，福特公司做出一个决定：收购斯坦门茨所在的小工厂。

斯坦门茨的做法在一些人眼里也许是愚蠢，但是并非没有道理，所谓雪中送炭胜于锦上添花，同样的帮助在最困难的时候的效果，远比平常的时候好得多。小厂老板当时聘用陷入绝境的他如同救他一命，恩重如山，远比现在福特的聘用更有价值。斯坦门茨只有这样才不会辜负小厂老板的恩情，才能对得起自己的良心。

企业家裴春亮有过凄惨的少年时光。他是河南省辉县市张村乡裴寨村人，16岁时父亲去世了，裴春亮一无所有，是乡亲们主动帮着料理了丧事。裴春亮那时实在拿不出什么来报恩，就在内心发誓：我裴春亮一旦成功，一定要加倍报答所有乡亲。

裴春亮后来到北京打工谋生，推销花岗岩。1994年，在他24岁时，一个小小的善举彻底扭转了他的人生。裴春亮骑着自行车赶路，发现一辆熄火的面包车，车主艰难地一手扶方向盘一手推车，汗流浃背，举步维艰。裴春亮十分同情他，什么也没说就帮忙推车，一直推了1公里多。车主出于感激帮他销售了一大批花岗岩，裴春亮破天荒地赚到9万元，掘到第一桶金。此后，他回到家乡开办企业，逐步发达。

裴春亮手中有钱后，立即帮助村民解决困难，出资修路、建桥，还建学校，修水库，为全体村民盖楼房，以至于村民形成“有麻烦找春亮”的习惯。面对别人猜疑的目光，他真诚地说：“我富起来了，不能忘记生我养我的裴寨村，不能忘记对我恩重如山的裴寨人。”这句话掷地有声，令人无比感动。裴春亮受到社会各界的广泛好评，还曾当选为全国人大代表。

在现实生活中，有一种特殊的情况不太好处理。别人帮了你的忙，你表示感谢是天经地义的，但如果别人答应帮你，也尽力了，却没有把问题解决掉，你该如何呢？抱怨别人不该答应帮你？指责别人没有兑现承诺？或者是什么也不说，就当没发生过？

不管怎么样，只要对方付出了努力，你都要表示感谢。在这种情况下，你可以说："我知道你已经尽力了，谢谢你！""真不好意思，让你为难了！""这件事的难度确实太大了，我自己再想想其他办法，但还是非常感谢你的帮忙！"对方听到这样的话，心里肯定舒服，甚至会为没有帮上你的忙而感到愧疚，下次你遇到困难时，他一定会尽最大的努力来帮你，以"弥补"这次对你的"亏欠"。如果你连一句"谢谢"都不说，那对方就再也不想帮你办事了。有时候人做事不是求回报，只是图一句感谢的话，图的就是这份感激的心意。

有一个在北京工作的记者，春节时准备回老家过年，但他临时有采访任务，抽不出时间去买火车票，于是委托好朋友小丁去买。小丁马上跑到火车站，辛辛苦苦排了两个小时的队，轮到他时，火车票却卖完了。小丁无功而返，记者不但不感谢，还埋怨小丁耽误了自己的行程，给了小丁一个恼怒的脸色。小丁没有功劳也有苦劳，结果得到这样的回报，当然愤怒，以后就算自己能够办到的事情也不会再帮他了。因为这件事，记者失去了小丁这个朋友，真是不应该啊。

当然，也不是所有的恩惠都应该报答。处在反常条件下，得不偿失，我们可以只是口头感谢，不报恩，甚至抨击对方。

如果一个人对其他人不好，唯独对你好，而你还有某些特殊价值，你就要警惕了。你要拿出狐狸的精明，仔细分析他为什么这么做，如果只是为了利用你，那你可以不感恩。

战国初期，吴起当上魏国将军后，对普通士兵常常会做出一些匪夷所思的事情来。一个士兵生疮并已化脓，作为军队最高统帅的吴起，竟然用嘴去给这士兵吮吸脓毒！这位士兵的母亲得知此事后号啕大哭起来，旁人迷惑不解，问道：

“你的儿子不过是一个普通士兵，吴将军亲自为他吸毒，那是他巨大的荣耀啊！你应该高兴才对，为何痛哭呢？”

这位母亲答道：“我不是哭吴将军为我儿子吮毒这件事。以前，吴将军也曾为我丈夫亲口吮毒疗伤，我丈夫对吴将军十分感恩，拼命作战，结果死在了战场上。如今，吴将军又这样对待我的儿子，他病好后，不知道将会战死在哪里，我是为儿子会死而哭啊！”

这位母亲的痛哭值得同情。想想很有道理，古往今来的统帅多矣，像吴起这样对待士兵的能数得出几个？任何一个受到统帅如此对待的士兵，都会为统帅心甘情愿地献出自己的生命的！

吴起是真的关心士兵吗？非也！吴起是残暴小人，曾经杀掉那些嘲笑自己的老乡，也为了博得国君的信任杀过自己的妻子。他关心的是战争的胜利，士兵不过是取得胜利的工具，因此值得拉拢。

第二次世界大战期间，美国向苏联援助了大批军火和物资，帮助苏联粉碎了希特勒军队的进攻。斯大林在公开场合感谢美国，在私下聊天时却对部下抱怨说：我们不必感激美国，他们这是用大批军火换取我们无数小伙子的生命。希特勒要征服的是整个世界，而美国人到现在还迟迟不参战，我们也是在为美国作战！斯大林的话乍一听不近情理，其实入情入理。美国确实想避免直接参加战斗，直到日本发动珍珠港战役它才不得不参战。

还有一个不用报恩的故事。在美国有一个千万富翁，他从孤儿院收养了一个孤儿。此后，他每逢出席宴会或其他社交场合，都要把孤儿带在身边，向人们讲述孤儿以前凄惨的身世，令人们唏嘘不已。孤儿长大成人后离开养父独立谋生，从此再没有联系养父，许多人骂他忘恩负义。一个记者为此采访这个孤儿，孤儿激动地说：按照常理，我的确应该感激养父。但是，他的行为太过分、太自私了，把收养我作为他慈爱的证明，到处炫耀，他从我身上得到了他想得到的东西，我们俩谁也不欠谁的了！记者听后哑口无言，据说那个养父听到记者转告的话也是瞠目结舌。

在现实社会中，帮助他人的行为很常见，但动机很复杂，有人是真心博爱，有人是沽名钓誉，有人二者兼有。因此，如果你接受了帮助，是否应该予以回报，不可一概而论，要看他的目的和做法，在上述情况下，可以不报答，也没人会责怪你。

7 _张飞的教训

不作恶是一条特别重要的道德原则。只有不侵犯他人，才会得到大家的喜爱。

我们不要贪占他人的名利。人们都是自保自私的，你尊重别人的名利，不去侵犯，别人就不会怨恨你，也会尊重你的名利。反之，你肆意嘲笑别人，故意损坏别人的物品，别人就会恼怒，报复你，这就是搬起石头砸自己的脚了。因此，害人如害己，律己即护己。

碰到比自己优秀的人，我们难免羡慕乃至嫉妒，这是人之常情。但是，你必须把嫉妒藏在心底，不要转化成行动，否则害人不成反害己。

战国时代，魏国人范雎投靠中大夫须贾，给他当门客。一次，须贾出使齐国，随行的范雎凭借雄辩之才深得齐王敬重，馈赠以酒肉金钱。须贾知道了这件事，大为恼火，认为范雎必是把魏国的秘密出卖给了齐国，所以才得到这种馈赠，于是他让范雎收下牛肉美酒之类的食品，而把金钱送回去。回国后，须贾嫉恨范雎，于是向相国魏齐诬告范雎私受贿赂，出卖情报。魏齐不问青红皂白，不分是非曲直，对范雎严刑拷打，百般羞辱。范雎装死，侥幸捡回一条命。

后来，范雎到达秦国，化名张禄，凭借雄才大略逐渐当上丞相。后来，魏国听说秦国即将攻打它，就派遣须贾前来议和。范雎闻知消息，便换去相服，装作寒酸落魄的样子，拜见须贾。须贾吃惊地询问内情。范雎答道：“当年被魏齐弃尸荒郊野外，幸亏被过往的商人搭救，逃到秦国后为别人打工糊口。”须贾见他落魄，并没嫌弃他，而是十分可怜他，留他一起吃饭。时值隆冬，范雎的衣服又薄又破，冷得战栗不已，须贾拿出一件棉袍披在范雎身上。范雎身暖心也暖，仇恨的坚冰开始融化。

后来，须贾得知范雎即是当今秦国丞相张禄，顿时如五雷轰顶，心惊肉跳，于是脱袍解带，跪爬着向范雎求饶。范雎说：“我本来打算杀掉你报仇雪恨，考虑到你还念旧情，赠棉袍给我，就饶了你吧。”须贾叩头称谢。

范雎虽然饶须贾一命，但是也不能就这么便宜了他，要报被羞辱之仇。几天以后，范雎在丞相府大宴使臣，宾客都聚集在大堂内，唯独将须贾安排在阶下，并派两个脸上被刺字的犯人坐陪，俩犯人用手捧着炒熟的料豆，像喂马一样喂须贾，须贾被羞辱得颜面扫地，没有一点儿人格。众宾客感觉奇怪，范雎便将以前的经历诉说一遍，然后对须贾厉声喝道：“秦王虽然答应讲和，但魏齐的血海深仇不可不报，我留你一条性命回去告诉魏王，迅速把魏齐的人头送来。否则，我将亲自率兵攻打大梁，那时后悔就来不及了。”须贾吓得连连答应。后来，魏齐这个堂堂一国丞相被范雎逼得上天无路，入地无门，无奈自刎。魏齐认为自己是大丞相，势力庞大，就随意伤害他人性命，最终落得脑袋搬家，可谓罪有应得。

清末张之洞常年官居高位，又满腹经纶，因此非常清高，尤其轻视下属。有一次，一位布政使去总督衙门拜见张之洞，谈完公事后告别。按照官场礼仪，张之洞应该把布政使送到仪门，但他送到门厅就停下，不愿多迈一步了。布政使心里不是滋味，决定惩戒他，于是回过头来，装出神秘的样子说：“请大人多走几步，下官另外有几句重要的话要告诉您。”张之洞不知内情，认为他真有要事，就又陪着他走了一段路。已到仪门，还不见布政使开口，张之洞不耐烦地问道：“你不是有话吗？快说！”布政使有点儿得意地说：“我的话就是，按照我们大清礼制，总督应该把布政使送到仪门，现在既然到了就请您留步吧。”接着施礼，然后扬长而去。张之洞被戏耍一通，气得满脸通红，但又无法发作，因为这位布政使做得对，自己遭到报复，也算咎由自取。

处在超常条件下，我们必须严格控制自己，尽量不作恶。

对于重大的偷窃抢劫等恶行，我们必须严禁，连想都不能想。小偷容易被人发现，像过街老鼠一样被追打，多么凄惨！抢劫时也许会碰上反抗，自己说不定就一命呜呼了！还有些人开始屡屡得手，自鸣得意，结果被警察抓住，所谓天网恢恢，疏而不漏。值得强调的是，有好多罪孽深重的犯人都是从小错犯起的，大错不犯，小错不断，慢慢地就会上瘾，胆子变大，终至杀人越货，锒铛入狱，被处以极刑。

有些人，一有点儿势力，就有恃无恐，肆意欺压别人。如果危害不是很大，别人也许会忍让，但是当你断人家财路，威胁人家性命，谁还会乖乖地顺从？张飞之死就是一个教训。

张飞听说关公被害后，悲痛欲绝，经常喝酒打人，属下只要有一点儿过失，张飞就让侍卫鞭打他们，甚至将人打个半死。

有一天，张飞下令，限定三日内置办白旗白甲，三军挂孝伐吴。手下将领范疆、张达禀告："白旗白甲，一下子置办不齐，请大人宽限几天。"张飞大怒，喝道："我急着想报仇，恨不得明天就到吴国，你们竟然敢违抗我的命令！"将他们打个半死。打完之后，还不罢休，张飞恶狠狠地说："一定要按时置办齐全，否则就杀你们！"

范疆和张达回到营中秘密商议。范疆担心地说："今天被打伤，让我们哪有力气置办？张飞性如烈火，不能按时置办齐全，我俩都会被杀啊！"张达性格彪悍一些，说："与其他杀我，不如我杀他！"范疆说："看来只有如此了，只是没办法靠近他。"张达说："如果上天不让咱们死，今天就让他醉在床上；如果上天让咱们死，就让他不醉好了。"二人定好计策后就悄悄准备。这天夜里张飞又喝得大醉，卧在帐中。范张二人探听好消息，揣着短刀偷偷溜进帐中杀死张飞，又带着他的首级逃到东吴去了。俗话说，兔子急了还咬人呢，张飞把别人逼到绝路，也就把自己逼上了死路。

需要注意的是，有的人特别记仇，又有势力，这种老虎的屁股摸不得，对他们不但不能作恶，即便有理也要让三分。我们都知道飞将军李广的大名吧。他不仅武艺高超，而且性格刚烈。李广在家闲居期间，有一次和随从出城去找朋友饮酒，回来时已经深夜，走到霸陵亭时，亭尉禁止李广通行。李广的随从介绍说："这是前任的李将军。"霸陵亭尉傲慢地回绝："现任将军尚且不能夜行，何况前任的呢！"便让李广待在霸陵亭外，李广恨得牙根直痒痒。过了不久，李广又被汉武帝封为太守，率军出征，他申请让霸陵亭尉同去，到了军中随便找个理由就将其杀死了。

不过，不作恶也不是放之四海而皆准的真理，有时可以反其道而行之。

一般的熟人不像领导那样高高在上，和自己地位平等，因此相互之间应该轻松相处，偶尔作些小恶，反而显得亲密无间，还能活跃气氛，拉近感情。比如，调侃，轻微嘲笑，起个小绰号，搞个小小的恶作剧，搞得热热闹闹，大家会把你当成活宝笑星来看待。同事的小食品你直接拿来吃，小工具你直接用，同事不但不会怪你，反而感觉你把他当作自己人。相反，泾渭分明，秋毫无犯，你的就是你的，我的就是我的，则显得关系疏远，难以融入环境。当然，这些小恶也只能偶尔为之，否则会令人厌恶。

8 _我是大度，不是软蛋

面对他人的侵犯，应该怎么办？传统道德总是宣扬宽容忍让，以柔克刚，这固然有一定的道理，但是任何道理都不是绝对的，否则就从真理变成谬误，我们应该分层对待他人的侵犯。

处在一般条件下，我们应该宽容待人。在现实生活中，同事、熟人之间难免有一些磕磕碰碰，勺子哪有不碰锅沿的？既然是自己的同事和朋友，就不应该太过计较，对微小的侵犯可一笑置之，所谓量小非君子。

有一天，楚庄王举办宴会，和大臣们一起畅饮。直到天黑了，酒兴还未尽，楚庄王下令点燃蜡烛继续饮酒，并让爱妃许姬给大家敬酒。许姬十分漂亮妩媚，大家很兴奋，正当她敬酒时忽然刮起一股风，把蜡烛吹灭了。浑水好摸鱼，有个人趁机拉住许姬的衣袖调戏她。许姬聪明，没有声张，而是就势把那人的帽缨扯下来，接着去悄悄告诉楚庄王。楚庄王听后，大声说：今天务必尽兴，大家干脆都把帽缨摘下来喝吧，以免它碍手碍脚！等大家都摘下帽缨后，调戏者和众人一个样子了，楚庄王这才命令点燃蜡烛。许姬看了，非常惊讶，暗自抱怨楚庄王。

后来，楚庄王率军攻打郑国，一名将领拼死力战，大败敌军。楚庄王论功行赏，才知道其名叫唐狡，他表示不要奖赏，因为那次绝缨酒会上，趁着黑夜扯许姬衣袖的人正是他，承蒙大王不杀之恩，所以今天舍命报答！楚庄王听后大为感慨，就把许姬赏赐给唐狡。

楚庄王不愧为春秋五霸之一，具有超越常人的胸襟和气魄。楚庄王也知道，酒能乱性，那人调戏许姬不是真正心坏，不是真正蔑视他的权威，所以可以原谅他，保证会有回报。

我们还要注意的是，宽容他人等于保护自己。俗语说，人非圣贤，孰能无过？每个人都可能犯下过失，别人如此，自己亦然，原谅他人就是为原谅自己做铺垫，因此要得饶人处且饶人。这样，以后你侵犯了别人，别人就不好意思指责你了。如果睚眦必报，为鸡毛蒜皮、芝麻绿豆大的小事辱骂对方，自己倒是发泄了怒火，得到了一时之快，但是引发的后果是，别人可能认为你小心眼儿，小题大做，因此反唇相讥，你们就会争吵起来，甚至打起来，都遭受更大的损失。周围的人也会看不过去，认为你尖酸刻薄难以相处，就会逐渐冷落你，你就会成为孤家寡人。因此，不如放别人一马，自己既落下美名，又落得个清闲。

王旦在宋真宗时期曾任宰相，他品德高尚，严于律己，宽以待人，很受宋真宗器重。有一天，宋真宗笑着对王旦说："你虽然经常称赞寇准的长处，但是寇准专门说你的短处呢！"王旦回答："臣做宰相多年，难免有许多失误，寇准对陛下无所隐瞒，由此可见他的忠诚直爽，臣因此一再保荐。"宋真宗于是更赏识王旦。

王旦和寇准经常有公文来往，偶尔不符合格式，寇准便上奏皇帝，王旦因此被责问，连累手下人也受罚。后来寇准那边的公文同样不符合格式，堂吏发现后认为这下逮到机会了，可以用同样的方式报复寇准，就激动地呈给王旦，可是王旦却命令送回去更正，并不上奏。通过这件事，寇准深感惭愧。

处在特别有利的超常条件下，我们要非常宽容。

有时候，自己遭受严重的侵犯，内心非常恼怒，这时一定要充分衡量后果，不可冲动。如果对方势力庞大，占便宜后不再作恶，自己应该忍让，忍让等于保护自己。如果贸然反击，岂不是以卵击石？还会导致对方变本加厉地欺负自己，旧仇未报，又添新恨，于是更想报复，甚至把性命都搭上，这很不划算。春秋末期的越王勾践就不干赔本的买卖，面对强大的吴王夫差，他忍辱负重，卧薪尝胆，最后得以报仇雪恨。这样的例子比比皆是，不再赘述。

自己能摆平对方，但是后果很麻烦，难以应付，也要克制忍让，所谓忍一时风平浪静，退一步海阔天空。

韩信早年的时候并不得志，虽然很有本事，但没人重用，如同无业游民。有一天，一个当屠夫的无赖青年在街上拦住了韩信，说："你身上总是带着宝剑，可又有什么用呢？你虽然长得高大，却是个胆小鬼！如果你有胆量，就用剑刺我，否则就从我裤裆下爬过去。"韩信仔细打量他一番，权衡一下，便趴下身子从他胯下爬了过去。街上看热闹的人哈哈大笑，都认为韩信是个无用的懦夫。

韩信当时肯定也憋气，以韩信的功夫，打死那个无赖如同探囊取物，但代价是坐牢或逃亡，总体上是赔本的；如果自己忍一下，则能换来相对更大的好处——不用坐牢，可寻找发展的机会，这就赚大了。《水浒传》里，杨志卖刀，碰到泼皮牛二，杀之，结果沦为囚犯，差点儿丢了性命，这就不如韩信高明。权衡利弊，能伸能屈方为大丈夫！

因此，聪明人的眼光宛如鹰眼一样锐利，高瞻远瞩，关注长远的根本利益，而不会执着于眼前的祸福吉凶，吃得下眼前亏。鼠目寸光的人，心胸狭窄，容不得一丁点儿的损失，吃不得眼前亏，就享不到以后的福。

美国空军著名的战斗机试飞员鲍伯·胡佛不仅技术超人，而且人品超人。有一次，胡佛参加飞行表演，途中飞机突然发生故障，两台引擎同时失灵，眼看就要坠毁。他临危不惧，沉着驾驶，奇迹般安全降落在机场。

他检查发现，造成事故的直接原因是用的油不对，他驾驶的是螺旋式飞机，灌注的却是喷气式飞机所用油料。

负责加油的机械师吓得面如土色，见了胡佛便痛哭不已，请他痛斥自己。但是，胡佛真诚而平静地说："那只是个意外，你不必太自责，谁不会犯错呢？我相信你干得好，因此请你以后帮我维修飞机。"机械师连连点头答应。这位机械师后来一直跟着胡佛，负责他的飞机维修，果然再没有出现过任何差错。

我们知道，对于那些巨大的错误，其实不用别人指责，正常人早就内疚死了，肯定会吸取教训。当然，如果你把他大骂一顿，他肯定能接受；但如果不加指责，反而尊重对方，你就会给予对方极大的恩情，对方就会给你翻倍的回报。可见，对待犯错误的人，最好的办法并不一定是惩戒，有时理解和尊重才是上策。

谚语说，火花再小，也能烧掉像山那么高的干草堆。我们看到，许多打架斗殴发端于微不足道的小事。为什么呢？原来，开始的小问题没有处理好，引发了恶性循环和升级。例如，在公交车上，甲不小心踩了乙一下，甲觉得很轻就没道歉，乙本来感觉脚上没什么，但是认为甲不道歉就是轻视自己，于是斥责甲，甲也觉得乙是蔑视自己就反唇相讥，踩脚问题升级为面子问题，你来我往，由吵变骂，由小骂变大骂，再由大骂变小打，由小打变大打，矛盾越来越大，一发不可收拾。等到冲突结束，头脑冷静下来，发现自己和对方都遭受了严重的损失，这才后悔不迭。因此，当和别人发生冲突时，头脑要保持冷静，不可感情用事。如果你发现对方不依不饶，冲突有扩大升级的苗头，就要果断停止冲突，不再纠缠，或者离开现场；哪怕自己很占理，很吃亏，很丢面子，也要终止冲突。

当然，宽容也是有底线、有前提条件的，只屈不伸不是大丈夫，能屈能伸方为大丈夫。处在反常条件下，我们可以抛弃宽容，实行反击，甚至严重报复，只有这样整个事情才会变得有利。

当一个人自己不怎么强大，却三天两头找你的麻烦，麻烦虽小，次数多了，就成为大的侵犯，你再宽容就会沦为怯懦。对方就会轻视你，把你当作胆小鬼而非肚量大的君子，感觉你是软蛋，就会继续侵犯你，甚至变本加厉，得寸进尺，最终给你带来无法承受的灾难。这时你就要拿出狮子的威严，教训他一顿，他就会害怕，变得尊敬你。

郭德纲有个相声小段说得有意思：你不尊重我，我尊重你；你又不尊重我，我还尊重你；你老不尊重我，我弄死你。当然，这个“弄死”指的是严厉的反击。

当我们遇到重大的侵犯，比如遭受污言秽语的辱骂、劈头盖脸的毒打，就要精心盘算，如果对方不是大官大款，也没有三头六臂，自己有能力对付，那就应该放弃宽容，还以颜色。否则，自己内心会感到非常憋屈，愤怒的情绪得不到释放，就会冲击大脑和神经系统，影响身心健康。从旁观者的角度看，别人骑到你脖子上拉屎，你却连个屁也不敢放，也不会觉得你高尚，而是觉得你窝囊，甚至认为你纵容恶人作恶，让恶人更加嚣张，早晚有一天会欺负到他头上。因此，人们对于窝囊废不会同情，反而鄙视，甚至憎恨。可怜之人也是可恨之人，到哪里都不受欢迎。

我们要特别注意的是，应该报的仇要报，惩罚别人也要适可而止，报复的程度不要超过被侵犯的程度，不要得理不饶人。许多人信奉毛主席的名言“人不犯我，我不犯人；人若犯我，我必犯人”，其实这句话后面是有条件限制的，那就是：有理、有利、有节。当自己对侵犯自己的人予以严厉的反击，对方向自己道歉和赔偿之后，我们就应该借坡下驴，不要没完没了。

第六章

不仅心善，方法也要“善”

像美观和真诚法则需要技巧一样，善良同样需要技巧。善良的技巧涉及称赞、批评、圆场、吵架、劝架等具体事情。许多人只知道一般条件下适用的技巧，而不清楚反常条件下的技巧，而后者可谓技巧之中的技巧，彰显出真正的智慧。

1 _夸人要“逢人减岁，遇货加钱”

在所有笼络人心的技巧中，称赞他人的优点或成绩是一本万利的妙法。说上几句赞美的话，只耗费自己一些唾沫星子，就能得到对方的好感和信任，这是多么实惠多么简单啊！

当然，称赞也讲究分层对待，如果称赞不当，会弄巧成拙，适得其反。

针对他人的优点或成绩，处在一般条件下，称赞要热情主动而直接具体。

在称赞他人时，自己的表情一定要热情高兴，如果阴沉沉地称赞他人，对方就会感觉你装模作样，虚伪地吹捧他，或者内心嫉妒。

称赞的优点要尽量直接具体，不要太空洞，而且一定是他本人真正具有的。程度可以适当夸大，但不可过于夸张。比如，你称赞一个稍微有点儿苗条的美女非常苗条，她会非常高兴。否则，对一个很胖的女子说：“呀，你多苗条！”或者夸赞一个嘴巴很大的女子：“瞧，你的小嘴多可爱！”还有比这更糟糕的赞美吗？这种赞美不但不会换来好感，反而会换来反感，对方会认为你在拍马屁，或者说反话讥讽他。

称赞的内容就是力量二要素之需求和能力，需求方面，有仁义、认真、负责等；能力方面，如聪明、强壮、美丽等。

一天，吃完晚饭，曾国藩和几位幕僚闲聊，评论当今英雄人物。他说：“彭玉麟、李鸿章都是大才，我比不上。我对自己比较满意的是，从不卑贱地讨好他人。”一个幕僚说：“曾大人当然也是英雄。每位英雄各有优点：彭公威猛，人不敢欺；李公精敏，人不能欺……”说到这里，他接不下去了，不知道应该怎样评价曾国藩。曾国藩问：“你们认为我如何？”众人都低头沉思，不知道该如何措辞。在这尴尬的时刻，一个管抄写的后生插话道：“曾师仁德，人不忍欺。”众人一听一起拍手叫好。曾国藩不无得意地说：“不敢当，不敢当。”

曾国藩是忠实的儒家弟子，一生最为标榜的就是自己仁义，所以内心十分受用。当后生告退出去，曾国藩问：“他是什么人？”幕僚回答：“他叫陆徵明，扬州人氏，入过学，家贫，办事特别谨慎。”曾国藩赞赏地说：“他也有大才，不要埋没。”不久，曾国藩升任两江总督，就委任陆徵明去扬州任盐运使，让他衣锦还乡。

你看，一句奉承话说到大人物心窝里，就飞黄腾达起来。有些人抱怨没有机会拉拢达官贵人，其实机会有的是，就看自己找不找得到，能不能把握住。

处在超常条件下，比如称赞大人物的一些小优点或小人物的大优点，要更加热情，夸张的程度也可以大一些。

相传，宋太祖赵匡胤去大相国寺进香，在佛像前点燃香后，问手下大臣：“我该不该向佛行礼呢？”大臣们个个都愣住了。佛属于神，人在佛像前应该跪拜，但皇帝不是常人，也是至尊，不该跪拜，因此不知怎么回答。旁边服侍的赞宁和尚说：“陛下不必行礼。因为陛下是现在佛，不用向过去佛行礼。”宋太祖听后非常高兴，当即拨出巨款重修大相国寺。

赞宁和尚这种恭维技术可谓炉火纯青，既言过其实，又言之有理，没有阿谀逢迎之嫌，确实让人开心。

俗话说“逢人减岁，遇货加钱”，这是非常奏效的称赞方法。基本上人都希望自己年轻，有的人嘴上不说，心里也是这么想的。一旦有人把自己的年龄说大了，嘴上不好说什么，但心里很别扭，甚至骂那人“眼歪看不准，口斜说不清”。女人对年龄更是忌讳得很，看到一个女人明明有四十多岁，你说她三十出头，对方会非常高兴，把你当好人看待。你只是动一动嘴皮子，就能讨得一个大大的人情。当然，如果你说她只有十七八岁，她就会翻脸，认为你说反话。

别人花一千元买的衣服，你说：“这衣服得值五百块吧？”对方心里一定不高兴，认为你没见过世面，甚至认为你一直以来就看不起他。如果说：“你这衣服是名牌啊，得花两千多块吧！”就显得对方富有，或者聪明会买东西，对方一定会得意扬扬，欣喜不已，对你当然也会有好感。

当你经常直接称赞一个优秀人物的突出优点后，为防止对方“审美疲劳”，可以赞美他不明显的优点。比如，对美女说漂亮，可能她早就听腻了，无动于衷，但你说她能干、大方、贤惠、聪明、活泼、自信，她可能感觉良好，对你刮目相看。对一些老板说他很成功，很睿智，很能干，可能他也听烦了，但如果说他很有爱心、孝敬父母、疼老婆、负责任、有品位，他会很高兴，对你高看一眼。明显的优点暴露在阳光下，谁都能看见，不明显的优点才是对方最渴望你来挖掘和肯定的。

同别人不熟悉时也可以称赞，这会得到陌生人的好感，获得超常的收益。不过，称赞的方式应该间接，就是不称赞其本人而称赞与他有关的事情，可以赞美他的穿戴、他的亲朋，他同样会高兴。间接奉承在初次见面时比较有效，如果对方是女性，可以称赞她的服装和饰品，否则直接赞美对方“你真是个好人，真聪明”，即使是由衷之言，对方也容易产生怀疑和戒备心理：才第一次见面，你怎么知道我是好人呢?

还可以运用背后赞美的方法。当你打算笼络某个人，却没有机会，或者彼此不熟悉，可以在他的同事、熟人面前经常夸赞他，这话就会传到那人耳中。德国历史上的“铁血宰相”俾斯麦为了拉拢一位敌视他的议员，有计划地在别人面前说那位议员的好话。俾斯麦知道，那些人一定会把他的话传给那位议员。后来，两人果然成了政治上的盟友。

但是，如果处在反常条件下，必须抛弃以上技巧，实行相反的技巧，可以冷静称赞或笼统称赞。比如，赞美别人一个极小甚至莫须有的优点时，态度可以冷静，不必热情。大领导称赞底层员工时，态度可以放轻松，不必满脸堆笑，对方同样感到高兴。否则，大领导的热情赞美会让员工感到不可理解，如同小孩吃下大人的饭量，肚子胀得难受。

如果处在混杂条件下，必须实行混杂式的称赞，可以先热情后冷静地称赞对方。人容易骄傲，取得成就后迫切希望别人赞美，你可以冷静地赞美，显得不怎么看重，或者指出他与其他成功者之间的巨大差距，例如“小刘啊，祝贺你完成这个技术攻关，但要戒骄戒躁，我们与国际先进技术的差距仍然很大”，他就会收敛骄傲情绪，立志于更大的发展。

最绝的是一半称赞一半批评，表面批评暗中称赞。可以说一个人不如某个最优秀的人优秀，这表面上是贬低，实质上把他们相提并论就算恭维。例如，说一个人不如比尔·盖茨聪明，就是在变相称赞他比许多人聪明得多。

2 _批评也分三六九等

在日常交往中，我们要尽量约束自己不批评人，但是不可教条化，该批评的也要批评。批评他人可以帮助其改正错误，有利于他人争取利益，或者有利于维护自己的利益。当然，批评容易得罪人，所以要讲究艺术。

面对他人的错误，处在一般条件下，批评要柔和主动而且直接具体。

如果对方犯的不是原则性错误，或者没有在犯错误的现场，就可以用温和的话语警告，具体说明问题，例如，你这个报告写得不算细致，不算规范，下次注意；你的办公桌上有些乱，有空的时候收拾一下。

批评他人要对事不对人，可以指责一个人做错了事，但不宜指责这个人的人格，虽然错误是人犯的，还是要就事论事。现在的人自尊心很强，很要面子，如果恶语伤人，批评他人脑残心坏性懒，会挫伤他的自尊心，可能引起他的反感和顶撞，导致局面难以收拾。批评还要点到为止，切忌喋喋不休，没完没了，这样既浪费时间，显得自己说话没水平，还会招致对方的恼怒，谁也不愿意被人批评十几分钟甚至半个钟头。

如果处在超常条件下，面对大人物的普通错误或者普通人极小的错误，批评要更加柔和，轻描淡写，点到为止，比如“你这个方法不太对吧”；或者间接笼统，不主动不直接批评一个人所做的事，而是批评和他相关的事；或者转引他人的批评，“我们中的有个人对你有一点儿意见，希望你能注意”；甚至请示对方，“我做这类工作很多年了，有点儿小经验，可不可以给您提个不同的建议呢”，这样对方就不至于怨恨你。

汉武帝的奶妈犯了罪，汉武帝打算依法治她的罪，奶妈向东方朔求救。东方朔知道武帝还念旧情，就说：“当你向皇帝辞行时，一定要回头看皇帝两眼，这样或许还有点儿希望。”

这天，奶妈拜别汉武帝，脸上流下热泪，边走边回头看汉武帝。东方朔乘机大叫：“奶妈，你走就走呗！还看什么呢？皇上现在不用你喂奶了，你还担心什么呀？”汉武帝听完，回忆起小时候吃她奶的情景，感到心酸，就赦免了她的罪。

东方朔明里是在劝奶妈不要担心皇帝，暗里却是在批评皇帝忘恩负义。这小小的一句话，便使一言九鼎的汉武帝改变了主意。由此可见，间接批评确有“四两拨千斤”之妙。

北宋时，大臣张思先立下大功，宋太祖赵匡胤许诺封他为司徒，张思先高兴地谢恩。但是，左等右等总不见任命下来，思来想去，张思先决定旁敲侧击。

有一天，张思先故意骑着一匹特别瘦的马从赵匡胤面前经过，并惊慌下马向皇帝请安。果然，那匹马的极度瘦弱引起了皇帝的注意，赵匡胤问道：“这匹马怎么这么瘦，是不是你没有好好喂它？”张思先答：“一天三斗。”赵匡胤很是惊讶：“吃得这么多，为什么还这么瘦？”张思先故作神秘地回答：“我答应给它一天三斗粮食，但是我实际上没那么做。”赵匡胤大笑不止。他是个聪明人，听出话中有话，第二天就下旨正式任命张思先为司徒长史。

普通人都爱面子，不愿接受批评，位高权重的人物更加如此。张思先拐着弯指出皇帝食言，皇帝自然不恼怒，痛快兑现诺言。

在实际生活中也可以用这种方法。比如，领导发现某位员工迟到了，就指着对方的手表问：“帮我看一下现在几点了？”这种暗示会让员工既明白问题，又不觉丢面子。如果为这么点儿小事就直接指责员工，他会口服心不服，影响自己的威信。

再比如，在员工大会上，领导可以说："最近一段时间，我们单位的纪律总的来说是好的，但也有个别同志表现较差，有的迟到早退，有的上班吹牛谈天……"这里用了不少模糊语言，如"个别""有的"，既照顾了一些人的面子，又指出了问题所在。

提起美国玫琳凯化妆品公司，可能很多女士都熟悉。相传，其总裁玫琳凯颇有管理技巧。

在一次业务会议上，玫琳凯发现有一名新来的美容师的衣着、化妆不符合自己职业的特点，有点儿妖艳。玫琳凯心中生气，就想过去训斥她，但她很快想到，我不了解她的性格，如果当着这么多人训斥她，她也许会感到很难堪，甚至恼羞成怒，反驳我，影响整个会议，不如间接批评。

临近会议结束时，玫琳凯走上讲台，即兴作了一场题为"美容师的仪容和着装"的三分钟演讲，善意地提醒在座诸位必须注意职业风范。大家热烈鼓掌，那名美容师也惭愧地低下头。第二天，这个美容师就按照职业规范打扮自己，而且从此积极工作。

如果处在反常条件下，我们可以反其道而行之。

当一个人犯下重大错误，重病就要下猛药，批评可以非常严厉，对方不会不接受；否则，轻描淡写地批评，对方感到不痛不痒，可能还会再犯，其他人也会认为你袒护他，有失公平。

当一个人总是犯下相同的错误，那么就不是浅层问题了，批评时可以放弃就事论事而针对他这个人，可以训斥他自私、狂妄、不负责任等，用词可以重一些，训斥时间可以长一些，以便让他长长记性，不重蹈覆辙。

苏东坡年纪轻轻就显露出超人的才华，官拜凤翔府判官，协助知府陈公弼工作。陈公弼此人厚道且老成，知道苏东坡人生太顺，缺乏磨炼，容易意气用事，因此他常常蔑视同僚甚至上司，这样早晚要吃大亏，不利于仕途的发展，所以故意刁难他。

在很多场合，陈公弼当众批评苏东坡太骄傲，让他很是难堪，下不来台。更让苏东坡恼火的是，他写的每一篇公文，陈公弼都要细细审阅，然后大肆修改。苏东坡一向自恃才高，因此感到大丢脸面，但对上司无法发作，只能耍点儿小聪明，写点藏头诗暗中讽刺陈公弼，以泄私愤。陈公弼知道后并不介意。这倒让苏东坡感到意外。

进入中年，因为一向耿直，不肯向同僚妥协，所以苏东坡备受打击，官场屡屡失意。他终于理解了陈公弼当年的真正用意，对他更加敬重与怀念。

如果处在混杂条件下，必须实行混杂式批评，也叫“涂肥皂水”式批评。对待一些非常爱面子而容不得别人批评的人，你可以先赞美他一下，让他高兴，然后再指出他的错误，他高兴的情绪就会掩盖挫伤的情绪，如同吃下裹着糖衣的苦药，容易接受批评进而改正错误，不会引起逆反心理。

约翰·柯立芝1923年进入白宫，任美国总统。他发现女秘书长得非常漂亮，但工作经常出错，决定批评她。一天早晨，柯立芝刚看见女秘书，就笑着称赞：“今天你穿的这身衣服很漂亮，正好适合你的身材。”秘书十分高兴，刚要感谢，柯立芝板起脸来批评她：“希望你不要骄傲，我相信你处理的公文也会同你一样漂亮。”果然从那天起，女秘书处理公文十分仔细，很少出错。

一位下属好奇地问柯立芝：“这种批评方法很巧妙，你怎样想出来的？”柯立芝说：“很简单，你知道理发师如何给客人刮胡子吧，他要先给人涂肥皂水，以便使人不疼，否则客人就会拒绝刮胡子。”

幽默批评也是混杂式的。1972年，来苏联访问的美国总统尼克松将去苏联其他城市访问，当时的苏共总书记勃列日涅夫到莫斯科机场为他送行。忽然，飞机出故障了，一个引擎发动不起来，地勤人员马上进行紧急检修。

勃列日涅夫十分恼怒，一面道歉一面指着一旁的民航局局长说：“你看，我应该怎样惩罚他？”

尼克松诙谐地回答：“应该升职！如果不是在起飞前发现故障，那后果不堪设想啊！”

勃列日涅夫苦笑一下，只好作罢。了解美苏历史的人，都懂得这句话背后的含义。这样的批评，实在是高明，表面上什么都没有，但是却暗藏玄机。

在一家餐馆里，一位顾客把米饭里的沙子一粒一粒地拣出来摆放在桌子上。服务员看到后不好意思地说：“沙子不少吧？”顾客笑道：“是啊，不过还是大米多。”

采用幽默的方式既表现出了自己的大度，还能使对方减轻负罪感，更容易接受批评，而且还会感激你的大度。

当然，“涂肥皂水”式批评技巧不可乱用，它只适用于特殊情况。如果你经常用这个方法，别人就会认为你的赞美不是真诚的，而是耍心眼儿。所以，多数时候必须放弃涂肥皂水，单刀直入而温情地批评。

3 _面对批评，在感激与对抗之间徘徊

一般而言，被人批评，谁都会窝火，但是如何反应必须讲究策略，既不可一味地唯唯诺诺，也不可一味硬顶。

针对正确的批评，处在一般条件下，我们要虚心接受，笼统地予以回应。

当自己犯下错误被人批评，仿佛显得自己无能，感觉丢面子，内心有些恼火，这是人之常情。不过，我们要认识到，人非圣贤，孰能无过？谁能永远不挨批？而且，别人的批评通常都是出于好意，有利于自己改正错误，并非为了让自己出丑。因此，要虚心接受批评，而不宜反驳。当然，为维护自己的面子，可以沉默接受，也可以笼统应对，比如稍微惭愧地点头，答应一声“哦，知道了”。

处在超常条件下，我们要郑重接受，予以直接的回应，并且感谢对方。

当领导批评自己时，自己的反应必须积极而直接，比如面含羞愧，诚恳地说：“领导说得对，这件事的确是我的错。感谢领导批评，我马上改正，不再给您添麻烦。”

当自己犯下巨大的错误而浑然不觉时，即使是普通人的批评，也要特别积极地接受：“非常感谢您的批评，要不是您指出来，我可能损失惨重，真的感谢您！”

在我国历代皇帝中，唐太宗是非常善于接受批评的一个。为爱护百姓，唐太宗规定，只有18岁以上的成年男子才需要服兵役。有一次，唐太宗违反他的规

定，决定征召16岁以上、18岁以下身材高大的男子从军。诏令发出以后，其他大臣都乖乖服从，只有魏徵极力反对，唐太宗十分生气，大加训斥。

魏徵毫不畏惧，十分严肃地进谏："陛下，您把强壮中男都抽去当兵，那么，田由谁来种？工由谁来做？您常讲，我当国君首先要讲信用，但是您这样岂不是失信于民吗？"

魏徵的这番话把唐太宗一肚子的火气浇灭了。他心悦诚服地对魏徵说："先生真是我的一面镜子啊！你言之有理，政令前后矛盾，百姓无所适从，会影响国家治理。"于是，唐太宗立刻下令停止征召中男服役，还奖赏了魏徵。

唐太宗贵为一国之君，甘愿接受正确的批评，改正自己的错误，这等胸怀多么值得我们学习啊！

中国乒乓球一向傲视全球，这和严格的管理分不开。2009年，王皓因为身体发胖而影响比赛成绩，对此主帅刘国梁十分焦急，几次要求他减肥，可大大咧咧的王皓听不进去，反驳道：啥胖不胖的，胖一点儿不会影响技术。

接下来，王皓在几项重大比赛中连战连败，最后让出了世界第一的排名。刘国梁再也忍无可忍了，于是在一次队内大会上，当众批评王皓说："你对自己的要求太低了，你都胖成这样了，怎么证明你刻苦训练了？过度发胖肯定影响状态，你再这样混下去，甭说参加奥运会，就连竞争奥运会资格的机会都没有。"

一番劈头盖脸的训斥之语，让王皓猛然警醒，脸上感觉火辣辣的，同时深受感动，感谢刘国梁的谆谆教导。会后，王皓立即给自己制订了一份训练计划，不仅给自己增加训练量，还穿上特制的负重服跑步，很快便减下10斤。

正所谓良药苦口利于病，忠言逆耳利于行，如果拒绝他人的正确批评，一意孤行，注定会失败。

著名演员甄子丹凭借《叶问》更加走红，在出席新片《武侠》首映会时，记者询问他《武侠》中的汤唯和《叶问》中的熊黛林这两位片中妻子的区别，他不假思索地说："我觉得吧，熊黛林身材比汤唯高一点点，但汤唯的演技比她好了远远不止一点点。”现场的人都听傻了眼。“前妻”熊黛林在“新欢”汤唯出现后“失宠”，对于这样不留情面的批评，她真诚地表示：甄子丹是前辈，对于他的指教自己会虚心学习，相信自己未来会更好的。

在大庭广众之下，甄子丹的批评有些严厉，不过这符合他一贯强硬的性格，也是一种真诚指教的表现，能够促进熊黛林演技的提高，熊黛林的回答也显示了自己的大度和智慧。

显然，再好的方法如果生搬硬套，也会导致不好的结果。处在反常条件下，我们可以拒绝批评，甚至反唇相讥。

如果自己犯的是极小的错误，几乎没什么损害，自己也发现了；别人是个无名小卒，也知道你已经知道犯错，仍然批评你，而且大肆嘲笑挖苦。这样你的尊严就会受到侵犯，可以拒绝批评：你得意什么？我早就知道做得不对，还用得着你来指出？鸡毛蒜皮的事，值得你大动干戈吗？保证对方不敢再小瞧你。

处在混杂条件下，面对正确的批评，我们可以部分接受部分拒绝，一边接受一边反击。

自己犯下了错误，对方没什么地位却反复地批评自己，那么你可以这样回答：我从内心感谢你指出我的错误，不过你一个劲儿地批评，真让我受不了。我的确做错了，不过你批评得太过分了，犯下三分错惹来九分批，我有那么差劲儿吗？圣人也会犯错，何况我呢？难道你从来没有犯过错误？你这样回应，对方就不敢再抓着你的小辫子不放，还可能从内心里敬重你。

4 _背不背黑锅?

针对错误的批评，应该如何应对呢？同样需要分层对待。

处在一般条件下，我们可以直接拒绝错误的批评，并具体地加以反驳。

明明不是你犯的错，他人却批评你，这对你就是一种很大的伤害。如果对方没什么势力，你当然可以不服气，直接回击：我做得不错，你批评得不对，事情本来就该这么做。如果你不反驳，对方就认为自己是正确的，不利于把事情做好；或者，他会认为你愚蠢或窝囊，以后可能变本加厉地指责你。

有一次，一位画家在咖啡馆里遇到了一位著名的评论家，这位评论家曾经不客气地批评过画家的一幅作品。画家对此耿耿于怀，今天碰上了，打算反击一下。

画家对评论家批评说："要想公正地评论一幅绘画，评论家本人必须会画画才成。"

批评家回答说："亲爱的艺术家，我有生以来就没下过一个蛋，可是，请您相信我，我比任何一只母鸡都更能品尝出炒鸡蛋的滋味。"这个反驳既尖锐又幽默，让画家无言以对。

处在超常条件下，有很大的坏处时，我们可以高调拒绝错误的批评，并反过来批评对方。如果错误的批评会给自己带来巨大的损害，当然不能承认，必须澄清并反驳。如果对方不仅错误地批评自己，而且措辞尖锐，态度恶劣，又缺乏势力，自己当然也要反批评：我没做错，你说错了，不要不懂装懂。

不过，处在反常条件下，错误的批评能带来好处，我们应该接受，或沉默应对。

俗话说“枪打出头鸟”，当你比别人上升得快时，难免会引起别人的猜疑和指责，对此要大度对待。

20世纪前期，美国发生了一件震动全国教育界的大事——一个小人物竟然当上大学校长！罗勃·郝金斯半工半读在耶鲁大学上完大学，毕业后当过作家、伐木工人、家庭教师和售货员。如今，只有30岁的他，被任命为美国芝加哥大学的校长。如此年轻获得如此高位，当然会有很多人不服气，纷纷批评他：太年轻了，经验不够，教育观念很不成熟……

在罗勃·郝金斯就任的那一天，有一个朋友对他父亲说：“今早看见报纸评论在凶狠地攻击你儿子，真把我吓坏了。”“不错，话说得很凶。”父亲平静地说，“可是请记住，从来没有人会踢一只死狗。”

受到父亲的教诲，罗勃·郝金斯没有因为众人的恶意攻击而退缩，也没有反击那些人，而是沉默应对，勇敢前进。

不遭人忌是庸才，没有人会对一个乞丐说三道四。当你承担一项伟大的事业时，自然会引起许多人的关注，不同的人会从自己的角度去评价你，难免会有人得出错误的结论。因此，既不要怀疑自己的能力，也不要无谓地反击批评者。面对已经被搅浑的水，不去管它，它自然而然地就清澈起来了，否则越搅越浑。

如果领导错误地批评自己，而且涉及的问题不大，自己内心固然不服气，但是必须给领导面子，不宜辩解，不要让领导难堪，可以笼统地说：我知道了，谢谢领导的批评，以后会注意。

在某机关中出现了这样一件蹊跷事。上级领导下达了一个质量检查的通知，要求各单位提供必要的材料，准备汇报，并安排检查组前来检查。某市轻工局办公室主任收到这份通知后，立即把它送往主管副局长的办公室。当时，这位副局长正在接电话，看到主任拿着文件，就用眼色示意他放在桌上即可。主任照办了。

但是，就在检查小组要来的前一天，接到上面打来的电话，主管副局长才记起此事。他大声训斥办公室主任没有及时给他送通知，耽误了大事。

主任知道自己并未耽误事，真正耽误事的正是主管副局长自己，可他并没有反驳，而是老实接受批评，并且当场检讨。然后，他立即到主管副局长办公室找出那份通知，连夜加班布置，及时把所需要的材料准备齐全。从此，主管副局长非常器重这位主任。

这位主任很聪明，知道必要时必须忍辱负重，不惜为领导背黑锅。这样做，尽管眼下自己会受一点儿损失，挨几句批评，但为领导解了围会有更大的补偿，不会白背黑锅，再刁蛮的领导也会喜欢这么推功揽过的下属。

处在混杂条件下，我们可以混杂对应。

别人的批评是错误的，但是又非常热心，自己可以拒绝其批评内容，感谢其批评动机：谢谢您的批评，我知道您是真心为我好，不过您不太了解这儿的实际情况，这个事的确应该这么做。

当领导错误批评自己，而且涉及的问题很严重，那就不能无条件地接受，可以当时认错，等到领导情绪平复下来，私下找个机会申明纠正，领导肯定赞赏你会来事。

如果当时不得不反驳领导，必须注意态度和措辞，态度要始终谦虚恭敬，可以先称赞后反驳，肯定一部分否定一部分，比如：领导，您对工作真是负责，也是为我好，不过我不得不说，这件事情就得这个干法。您指示得也对，不过咱的条件跟不上，无法实现。这样回应，领导既明白了自己的错误，又不会感到丢面子，自然不会为难你，反而可能看重你。

5 _求人也能攒人情

人生在世，谁也不敢保证自己永远不求人。要想得偿所愿，必须讲究技巧。

处在一般条件下，求人要热情、低调、主动，再加直接、具体。

向别人求助，自己的姿态一定要放低，做到谦卑而热情，要低头不要昂头。否则，求人帮忙像要账一样理直气壮，盛气凌人，对方保证不帮你，本来想帮助你的人也会拒绝你。

当双方比较熟悉，求助的问题也不大，要主动并直接说明意图以及原因，切忌被动等待和支支吾吾。例如，可以微笑着说：我对营销策划不熟悉，请你帮我起草方案吧；我没有时间，麻烦您把这件东西捎给周姐。当别人答应后，自己一定要立即道谢。

如果处在超常条件下，更要热情低调——有时也可间接地求助。

如果自己的要求很特别，或者有一定的难度，对方就可能有些勉强和为难，这时自己的态度一定要低调委婉，显得特别尊敬对方，对方可能因为感动而答应帮助自己。

如果双方的关系不是很亲密，这种求助对于自己而言就算一种超常的奢望，那就不要直接求助，否则对方会感觉你在支使他，对你反感。可以用商议的口气说：“能不能请你帮个忙？”“请你有时间给我打电话，好吗？”“最近手头紧，请你先借给我一千块钱，好不好？发工资后立马还你！”你这样说，显得尊重对方，也许本来不想帮你的此时也愿意帮你。

有一个女编辑，想邀请著名作家二月河为其所服务的杂志写一篇随笔，用了很多办法，都被二月河拒绝了。

女编辑不甘心失败，最后想出一个妙招。她打听到二月河有个正上高中的女儿，就给她寄去两本杂志样刊，并请她向父亲说情。不出意料，女儿对父亲说："这杂志我喜欢，下期我要看到你的文章在上面。"面对宝贝女儿，二月河没做任何抵抗，乖乖就范。没几天，女编辑就收到了二月河先生的随笔。

这个故事让我想起儿时玩的游戏，大象可以抓狮子，狮子可以抓老鼠，老鼠可以抓大象，这里的女编辑就是"狮子"，通过控制"老鼠"——二月河之女，控制住"大象"——二月河。通过这个迂回策略，原本艰难的事情变得不费吹灰之力，充满戏剧性。

向不熟悉的人提出很大的请求，怎样才能成功呢？这需要运用得寸进尺的方法。首先提出很小的请求，对方愿意接受，也容易做到；然后提出较大的请求，对方会觉得，自己已经帮过忙了，帮人就帮到底吧，否则显得自己前后不一，也会让以前的人情打了水漂儿。如果一开始就提出很大的请求，对方很可能不高兴，也会因为难办而拒绝。

得寸进尺的方法在社会心理学中称为"登门槛效应"。精明的推销员都不会直接向顾客推销自己的商品，而是提出一个人们比较容易接受的小请求，例如，先进入他人家里，慷慨地请顾客试用化妆品等，在获得信任和好感后，逐渐提出更高的要求。否则，你一见面就推销，别人可能因为反感而将你赶出去。

为验证这个心理效应，美国社会心理学家弗里德曼与弗雷瑟在1966年进行了一个实验。他们的最终目标是劝人们在房前竖一块写有"小心驾驶"的大标语牌，为此分别采取两种方法。在第一个居民区向人们直接提出这个要求，结果遭到很多居民的拒绝，仅有17%的人同意。在另一个居民区，先请求居民在一份赞成安全行驶的请愿书上签字，几乎所有人都同意了。几周后，再向他们提出竖牌子的要求。由于有以前的铺垫，许多居民不感觉突兀，反而感觉应该顺应以前的好意，否则显得自己前后矛盾，结果55%的人同意。两种方法的效果差距竟这么大。

如果处在反常的条件下，必须抛弃以上那一套技巧，可以强硬而高调地求人。

如果事情对自己很重要，没有其他人可以求助，对方也很重义气，可以向对方施加一点儿压力。你可以说：“我知道这事儿很难办，可我没别的门路，只能拜托你了。”对方会非常重视，积极为你办理。

若事情紧急，又没有其他方法，可以连哄带吓，迫使他人帮忙。战国时期，秦国攻打赵国都城邯郸，赵国大臣平原君带着毛遂等说客来到楚国，请求实行合纵之策，出兵解救。平原君和楚王在朝堂上讨论很久，也没有结果。毛遂不耐烦了，昂首按剑走上堂来，催促平原君。楚王大怒，高声呵斥：“大胆狂徒，本王与你家主人谈论大事，哪有你说话的地方，还不退下？”

毛遂毫无惧色，按着宝剑上前一步，说道：“大王之所以斥责我，不过是仗着人多势众，但现在你我只有十步之遥，你命悬于我手，人再多又有什么用？何况我家主人也在，哪里轮到你来斥责我？”楚王吓得一哆嗦，赶紧温和地说：“先生有什么话就说吧。”

毛遂慷慨陈词：“楚国方圆五千里，有勇士百万，这是可以称霸天下的实力。而且你们被秦国小将白起打败，割去大片土地，宗庙被毁，应该趁机报仇。合纵是为了楚国好，而非为了我们赵国，为何不这么做呢？”楚王听罢连连称是。

大家知道，这个毛遂就是那个著名典故“毛遂自荐”的主人公。他这种求人相助的方法实在是反常，连哄带吓，不过在当时的情况下只有这个方法奏效，可谓非常适宜。

国外也有类似的故事。1979年，李·艾柯卡任克莱斯勒汽车公司总裁，接手的是一个危机四伏的烂摊子。万般无奈，艾柯卡只好求助于政府，希望得到美国政府的贷款担保。但是美国政府态度很消极，许多国会议员反对。

艾柯卡质问政府负责人：如果本公司现在破产，那么将有60万工人失业。仅在破产第一年，政府就必须支付27亿美元的失业保险金。您是愿意白白支付27亿美元呢，还是愿意为克莱斯勒出面担个保，不花一分钱呢?

艾柯卡为每个议员送去一份分析报告，上面列有该议员所在选区内的克莱斯勒公司的代销商、供应商名字，说明一旦公司倒闭将在其选区内产生恶劣的经济后果。他在暗中警告议员们：如果你反对政府为克莱斯勒公司担保贷款，那么有关选民就会反对你。

艾柯卡外软内硬的策略终于收到奇效：曾经反对的议员缄默不语，政府也改变主意，答应担保。艾柯卡终于拿到数额巨大的贷款，带领公司逐渐扭亏为盈，他本人也成为美国人心目中的英雄。

这个故事充分说明，求人不必一味软弱，向同自己有利害关系的人求助，可以强硬一些，对方不敢不服从。

曾有位大学教师，教学和科研成绩都很突出，各项条件具备，但职称总评不上去，原因是他与校领导关系不好，领导从中作梗。

教师上告到上级主管部门，虽然一个劲儿地讲实情说好话，但仍收效不大，这位领导反而找出客观理由推卸责任，说："你们学校不上报，我又有什么办法？"

教师早有准备，立刻说："如果学校能解决，我就不会来麻烦您了。我是按照程序逐级向上反映问题的。您是主管这方面的上级领导，有权过问此事。我想，只要您肯过问，他们肯定会听从您的意见。因此，您既有责任也有能力解决问题。如果您不及时处理，出现更大的麻烦，那就晚了。"教师的言外之意是：如果你不过问就是失职，那么我还会向更上一级的领导反映，那时，你就被动了。

这番话软中带硬，很奏效，领导立即改变了态度，事情最终得以圆满解决。当然，这种要挟的方法不可常用，但也不失为最后的杀手锏。

如果处在混杂条件下，必须实行混杂方法。

向非常亲密的人请求帮忙，而且他确实有能力有办法，自己可以热情而且高调，不用怎么商量，否则显得生分。例如，你可以说："老朋友，我孩子今年大学毕业，找工作的事情就交给你了！”老朋友感到你信任他，自然满口答应。

有时可以先讲述自己的困难，暂不点破向对方求助的事情。如果对方有心有力就会主动帮助你，否则他会没反应，这样不会尴尬。

请对方帮忙，并承诺日后帮助对方，双方如同交易，难事就易办。或者请人帮忙时先送礼请客，并许诺事成之后还有回报，这样求人如同助人，虽然给对方添了小麻烦，但是也给了大好处，对方不吃亏反而沾光，自然乐于答应。

换个角度考虑问题，可能收到比直接求人更好的效果。法国巴黎的某个影院，常有戴帽子的女观众，坐在她们后面的人被挡住了视线，非常反感，就请求经理禁止观众戴帽子。经理却说：“我们不可强求客人，还是提倡戴帽吧。”

这天，在影片正式放映前，银幕上打出这样一则奇特的告示：“本影院为了照顾高龄脱发的女客，特意允许不便脱帽者继续戴帽子。”结果可想而知，全场女客的帽子全部脱下，谁也不想当个高龄脱发者。

拉近关系加深感情，是向陌生人求助的好方法。法国企业家拉提爱专程来到印度新德里，准备找拉尔将军谈一桩买卖飞机的生意。拉提爱知道将军不愿意见他，所以在拨通电话后，只字不提生意，只是说：“您好，拉尔将军，我这次专程来到新德里，想以私人名义拜访您，您只要给我十分钟时间，我就很高兴了。”拉尔将军虽然事务繁忙，但听他这样说，碍于情面，还是勉强答应了。

两人见面寒暄后，拉提爱真诚地说：“将军阁下，我衷心感谢您！”

这句话引起了将军的兴趣，他一脸困惑。

拉提爱继续说：“因为您让我得到了一个十分幸运的机会，在我生日这天，我终于回到了故乡！”

“您出生在印度？”拉尔将军微笑着搭话。

“是的。”拉提爱娓娓道来，“1929年我出生在加尔各答，我父亲是法国歇尔公司驻印度的代表。印度人民热情好客，我们全家生活得十分幸福。在我三岁生日时，一位老奶奶送给我一只漂亮的玩具熊，我和印度小朋友一起玩耍，度过了我一辈子最快乐的一天。”

听着拉提爱动情的回忆，拉尔将军被深深感动了，于是邀请他共进午餐，为他祝贺生日。接下来，拉提爱又拿出自己小时候和圣雄甘地合影的照片，叙说合影过程，更深深感动了将军。午餐结束后，那桩买卖飞机的生意就敲定了。

一些时候，有些话倘若自己说出口会非常尴尬，而巧妙引导对方先开口，无疑是条上策。

小赵本来计划借助好友小王的路子做笔生意，他将一笔钱转交好友小王后的第三天，小王却意外出车祸死亡。小赵顿时陷入一种两难的境地：如果开口索款，会给好友妻子带来很强的刺激，而且显得人走茶凉，自己不仗义；如果不提及此事，自己的局面又无法支撑。他知道小王妻子不愿意继续做生意，就想出一个计策。

小赵首先积极地帮助小王妻子料理完丧事，然后说：“真没想到王哥会走得这么快，我们的合作才刚开始呀！这样吧，嫂子，王哥的那些关系户你也认识，你就出面继续做生意吧！你需要我帮忙时尽管吩咐，再苦再累我都不怕。”王妻大受感动，反而安慰小赵：“兄弟，真对不住，这次出事儿让你在生意中损失了一些。我也没法再干下去了，你还是把钱拿走另寻伙伴吧！”

最后必须注意，当我们求助遭到拒绝时，不要过分坚持。对方不会轻易拒绝，既已拒绝，必有原因，如果一个劲儿地纠缠，非要对方帮忙不可，对方会认为你在强迫他，不尊重他。人生不如意的事很多，又何必在区区小事上计较个没完？被人拒绝后要做到豁达大度，不计较，不埋怨。

遭到拒绝时，如果对方没有说明原因，自己也不要追问。虽然谁都想知道原因，但是如果穷追不舍非问清原因不可，往往会破坏双方的感情。最好的办法是，当你意识到对方要拒绝时，不妨自己把话打断，主动表示没关系，反过来再安慰对方几句，请他不必介意。对方会感到过意不去，说不定以后会很主动地帮助你呢！

6 _送礼送到人心里

求人办事，如果干说话，很难成功，一般要送点儿礼。送礼被称作行为艺术，方法得当，送得好，会皆大欢喜。送得不好，受礼者不愿接受，或严词拒绝，或婉言推却，或事后退回，都会令送礼者十分尴尬，甚至落得个钱已花事没办，当真是赔了夫人又折兵。所以，送礼必须讲究技巧，还必须灵活运用技巧。

当自己内心不情愿却又不敢不送礼时，可以随大流，别人送什么，我也送什么，别人送得多，我可以少送，不突破底线就行了。

如果自己是非常诚心地送，那就要精心选择礼物。什么是好的礼物呢？简单说就是投其所好，对方十分看重的礼物，既喜欢又难得到。只有这样，才能送到对方心窝里，取得好的效果。例如，一个人喜欢吃西瓜，你给他送西瓜，他就会喜欢；不过如果他自己就种西瓜，你再送普通的西瓜就是招人嫌了，但是如果你送去特别好吃的西瓜，他也会高兴。一个大富翁很有钱，你送一点儿钱当然吊不起他的胃口，必须送大钱；或者独辟蹊径，送一些奇特又优美的东西，诸如古玩字画、人参鹿茸等。当然，你送礼花费的钱不应超过他给你的回报。

诚心送好礼也要分层对待。一般条件下，人们都喜欢钱财，所以通常送钱财。如果处在反常条件下，可以送一些不值钱却有情的好礼物。当自己缺乏财力，无法送给他人最在意的礼物，可以送符合其特殊需求的礼物，同样可以打动人心，收到一本万利的效果。

南宋时，广东经略使方务德打算给秦桧送礼。他知道，秦桧位高权重，送礼的人多，胃口早已被吊得高不可攀，一般的古玩字画、金银财宝根本无法打动他。送什么礼物才会一鸣惊人呢？

经过一番详细调查，方务德找到一个绝妙的机会。原来，秦府经常大摆宴席到深夜，这样照明就成为一个问题。于是，他特制了一批蜡烛，派心腹送给秦府的管家，并且收买他。

一天，秦府又摆上宴席，一直喝到傍晚，余兴未尽的秦桧让人拿蜡烛来。管家故意说，府里的蜡烛用完了，这里正好有方经略使送来的一箱蜡烛，可以拿出来用。

这种蜡烛点燃不久，屋子里充满了扑鼻的异香，宾主都很高兴。秦桧来了兴趣，吩咐人把剩下的蜡烛全部拿上来看个究竟，结果一数，加上正点燃的共有四十九支。秦桧心想：姓方的搞什么名堂，为什么礼品不是整数？就询问送烛人，他回答：这些蜡烛是我们方大人特地派人制作的，本来有五十支，做好以后，拿出一支查看质量，就只剩下四十九支了。因为是专门送给相府的，所以方大人不敢用其他蜡烛凑数。听到这里，秦桧彻底明白了，这个方务德对自己真是忠心耿耿。从此，秦桧对方务德关照有加。

如何把好礼物送给对方呢？这也有讲究。一般条件下，求人办的是光明正大的事，而且送的礼物不是很贵重，可以直接公开地送给对方，也不用避开其他人。要自己亲自送，这样显得十分尊重。对方当着你的面看到好礼，会因为喜欢礼物而喜欢你。

反常条件下，必须用反常的技巧——间接送礼。如果委托某人为自己办理不太能拿上台面的事情，可以把礼物秘密送给办事者本人，能送到家就不要送到办公室，能晚上送就不要白天送，能一个人送就不要多个人送，能送给他亲属就不要送给他本人，能事后隐瞒就尽量不要宣扬。

有时你想送礼给人，而受礼者又跟你有些过节，不便直接去送，就可以选择对对方而言有特殊意义的日子，比如生日、结婚纪念日等，再邀上几位熟人一同去送，那样受礼者就不便拒绝了。当他事后知道这个主意是你出的，必将改变对你的看法，使你们的关系得以改善。

如果处在混杂条件下，必须使用混杂的技巧，半是送礼半不送，表面不送暗中送。

有些人怕回礼就不愿意收礼。如果你送的是土特产，你可说是老家来人捎来的，分给朋友尝尝鲜，东西不多，又没花钱，不是特地给他买的，这样对方就很可能收下你的礼物。

当你送给朋友的是贵重酒一类的东西，不妨免谈“送”字，假意说是别人送你两瓶酒，拿来和朋友一起品尝，请他准备菜肴。这样喝一瓶送一瓶，礼送了，关系也近了。

当你给爱面子的困难者送物，可以说，这东西在我家放着也是闲着，你拿去先用，以后买了再还。对方会觉得你不是施舍，会乐意接受的。当然，以后你要再找个机会告诉他不用还了。

有时送礼不一定自己掏钱去买。比如，你帮朋友通过某些关系买到厂价、批发价、优惠价的东西后，已将你的那份人情当作礼物送出了。受礼者因交了钱，收东西时心安理得，毫无顾虑；送“情”者无本万利，自得其乐。这种避嫌而实惠的送礼方法，不失为一个高招。

现在，一些企业向关系户送回扣，为做到合情合理又不违法而绞尽脑汁，奇招频出。例如，某企业出资找关系户的子女拍广告，广告不会上电视，但报酬优厚。某企业派专人值守彩票兑换点，以现金购买中奖彩票，然后把彩票以开奖前代买的名义送给关系户。某企业找了个女的，学历、能力、相貌都一般，却安排她担任超高薪的工作，然后介绍给关系户的儿子认识，闪电结婚，一周后再闪电离婚，此公子庭外和解获得两套房子。

还有一家企业，送了关系户一幅名为赝品的齐白石字画，标价七千元，有发票，还是北京某知名字画行开的，此关系户也付了费，但这画实为真品。三四个月后，圈内传出此人捡漏，以赝品价格买到精品，并传为业内美谈。关系户后来委托外地某拍卖行以二十万元的价格卖出。由此可见，送礼智慧无止境，只要肯想，办法总比困难多。

7 _巧妙的拒绝，你高兴，对方也高兴

我们会求人，也会有人求我们，对此答应不答应？无论多好的人，都有必须拒绝的时候。像求人一样，拒绝也是种艺术。

处在一般条件下，拒绝要柔和而直接。可以拒绝事而不可拒绝人，拒绝的态度通常要温和，不要生冷；首先找客观理由，其次找自己能力上的理由，尽量不要说自己不愿意帮助他。否则，对方会认为你轻视他这个人，从而记恨你。

处在超常条件下，拒绝要更加柔和而间接。当对方来头很大，或者过去曾经有恩于你，或者是你非常要好的朋友、来往密切的亲戚，如果你简单地拒绝，那么你可能遭到报复性打击，或者背上忘恩负义的恶名。因此，不可直接拒绝，可以使用间接的方式拒绝。

汉光武帝刘秀的姐姐湖阳公主在丈夫去世后，看中了大臣宋弘，就告诉了皇帝。一次，刘秀叫来宋弘，也不好意思直接说，就以言相探：“俗话说，人地位高了，就应该更换朋友；人富贵了，就应该更换妻子，这是人之常情吗？”宋弘早就听到一点儿风声，知道皇帝话中有话，就回答说：“陛下，我常听人说‘贫贱之交不可忘，糟糠之妻不下堂’。”意思是，人在生活贫困、地位低下的时候结交的朋友和所娶的妻子不能抛弃。刘秀听出他拒绝的意思，就没有再坚持。

宋弘自然深知刘秀问话之意，但他进退两难，答应吧，有悖自己的人品，也对不起贫贱相扶的妻子；含糊其词吧，这事可能没完没了；直言相告吧，冒犯龙

颜，天威难测。所以他也引用俗语来表态，间接而又明确地表达了自己的态度。

现在上海一家合资企业生产的丝绸质量非常好，有人拿了某领导的批条来找销售经理，要求以很低的价格购买一大批。销售经理不方便直接拒绝，就对他说："你要的货物数量太大，而且价格太低，已经超出我的权限了。不过你放心，我马上请示总经理，请你稍等片刻。"不久之后，他对持条人说："很不巧，我们总经理刚到北京开会去了。你可否先回去，过两天再打电话来问问。"这家伙碰了个软钉子，只好怏怏而返。

过了两天，销售经理告诉此人："我亲自向总经理汇报过了，他的答复是，这种大事要开董事会研究，他会尽力向董事会争取的，因此麻烦你过两个星期再打电话来。"持条人一听，心里就凉了半截。他明白，董事会有外国人，要他们点头同意是不可能的，所以就放弃了。

销售经理巧妙地把对方的注意力从自己身上转移到总经理身上，再转移到外国董事身上，叫他摸不清东西南北，既捞不到便宜，也有气无处出。

美国前总统罗斯福也很擅长拒绝。他做海军军官时，一位好友是个军事迷，有一次向他询问美国新建潜艇基地的情况。罗斯福不好直接拒绝，就问他："你能保密吗？"对方答道："能。"罗斯福笑着说："我也能。"

如果处在反常条件下，我们可以高调而直接地拒绝。

当一个美女接到自己厌恶的男人的邀请，开始可以委婉拒绝，但他不断骚扰，就可以严词拒绝，让他死掉这份心。

当一个人以前蛮横拒绝过你类似的要求，你可以报复对方说："我以前求你帮忙，你不愿意帮，我为什么要帮助你呢？你当我是傻瓜吗？"对方自知理亏，也许会改善对你的态度。

当自己根本没有能力或者根本不愿意帮助对方，也不怕对方报复之时，可以坚决、直截了当地拒绝，不要模棱两可。

曾任苏联外长的葛罗米柯是精通谈判之道的老手。他在无法与对手辩论时，看家本领是不说明任何理由，只冷冷地说一个“不”字。1979年在维也纳，美国前国务卿万斯同葛罗米柯在一次谈判时，出于好奇记录了他说“不”的次数，竟然有12次之多。看来，不说任何理由地说“不”是他长期屹立不倒的法宝之一。

如果处在混杂条件下，必须实行混杂方法，一半拒绝一半同意，表面同意暗中拒绝，同意枝节拒绝主干。

当熟人问：“此事你能不能帮忙？”你可以回答：“我明天必须去参加会议。”答非所问，婉拒对方。对方会意，就不再要求你帮忙。

熟人说：“今晚我请客，请务必光临。”你可以回答：“今天恐怕不行，下次一定来。”下次是什么时候，并没有说定，实际上给对方的是一个含混不清的概念。对方若是聪明人，一定会听出其中的意思，而不会强人所难。

还有一个技巧是“献可替否”，就是拿出可行的建议来替代对方的请求。对别人所托之事不能帮忙时，应在讲明道理之后，帮助想一些别的办法作为替补，这样对方不会太失望。即使你的方法不成功，也能显示出你的真情；如果你的办法帮助别人圆满解决了问题，别人会更加满意。

小王和小李是一对好朋友。小王的未婚妻被其所在车间的主任调戏，小王想请小李帮忙，一起殴打车间主任，甚至要用弹簧刀给他“放血”。小李不愿意蛮干，就帮他分析：如果我俩把那个车间主任打一顿，万一他死亡，我俩谁都得吃不了兜着走，说不定还会连累你的未婚妻。坏人总是要受到惩处的，这要靠法律。车间主任的行为是犯法的。这样吧，我帮你和你的未婚妻运用法律的手段来惩处车间主任，我相信，法律会给你们一个满意的答复的。

小王听了小李的一番话，打消了复仇的念头，并最终运用法律惩处了那位车间主任。

还有一个案例。有一个时期，市场上钢材特别紧张，一家钢材贸易公司生意非常兴隆。一天，公司经理的好朋友来找他，说急需十吨钢材，而且要求价格比市场批发价低百分之十。经理实在无法满足他的要求，但是两人属于至交好友，无法完全拒绝，所以这么回答："我们公司经营钢材以千吨为单位，无法拆开十吨来给你。不过，我总不能让老朋友白跑一趟。你可以到旁边那家小公司，我们有业务联系，我给他们打招呼，以最优惠的价格卖给你十吨。"

毫无疑问，这一"最优惠"的含义是模糊的，因为再优惠也不会比朋友刚才要求的价格低。这位朋友虽然遭到了拒绝，但因为得到了补偿，所以他拿着经理写的条子，高高兴兴地去找那家小公司。

最有智慧的拒绝技巧是截断对方的话。如果你知道对方的意思，担心他说出来自己不好意思拒绝，或者使得双方尴尬，就可以在他还没说完时抢过话头，让他知难而退。

例如，一对青年男女在同一家公司上班，男的对女的产生了爱慕之心，急于表白，女方虽心知肚明，但是不乐意，又不打算说破，以免影响同事关系。于是，出现了下面的对话：

男青年：我想问你，你是不是喜欢……

女青年：我喜欢你借给我的那本营销书，都看了两遍了。

男青年：你看不出来我喜欢……

女青年：我看出来你也喜欢营销学，以后等我有空再和你探讨吧。

男青年：你有没有……

女青年：有哇！互相切磋，向你学习，我早就有这个想法。

男青年：……

这位女青年三次抢话，使得男青年明白了她的想法，于是不再问了，这就避免了尴尬。

抢答要求才思敏捷，因为首先得摸准对方的心理，你一张口我就知道你要说什么，未闻全言而尽知其意；其次，要能抢得自然而恰当，否则太牵强武断会让对方感到被歧视。所以说，抢答难度大，技巧性强，但运用得当，效果特佳。

8 _把吵架变成赢利

不同的人性格不同，考虑问题的角度也不同，难免发生分歧和矛盾，也就难免争论。如果争论反反复复，相互否定，态度严厉，就会升级为吵架。吵架具有很大的杀伤力，所以我们必须非常慎重，要尽量避免争论变成吵架。但是，我们也不能绝对回避吵架。被别人横加指责和辱骂后，如果保持沉默就显得自己理亏或者懦弱，就不得不吵。吵架还可能把双方积压在内心的事情和情绪发泄出来，弄明白一些真相，也许有利于双方关系的调节。

吵架更要严格地分层对待。处在一般条件下，态度要稍稍强硬，要直接而具体地反驳。

人们通常是和熟人、同事发生争吵，彼此之间有感情和利益关系，因此不要像对待敌人那样强硬，以便留下回旋的余地；同时，既然已经发生争吵，也不能太轻松，而要稍微强硬。

吵架的内容要具体到某件事情上，不要泛泛而论，你说东他说西永远没有结果；更要就事论事，切忌因事论人。

直接批驳对方，要肯定对方次要方面而否定其主要方面，即“攻大放小”；反过来，要肯定自己的主要方面而否定自己的次要方面，即“守大丢小”。俗话说，一个巴掌拍不响，发生争吵之后，双方都有或大或小、或主观或客观的责任，除非对方是十足的坏蛋或傻瓜。如果完全否定对方，于事不合，于理不通；

如果完全肯定对方，等于投降认输；如果肯定对方的主要方面而否定其次要方面，也等于自己理亏；所以，要肯定他一点，获得他的好感，对自己的态度就会缓和，有利于接受更大的批评。

当对方抖出一个事实，你可以肯定形式而否定本质，例如，我和小刘的确说过话，但是没有讽刺你；我们的确讽刺你做错了一件事，但是没有说你别的坏话，没有诽谤你，也没有骂你；我和他只是讽刺你一次，没有天天在背后讽刺你。

作为反击一方，你可以回答：你们虽然没讽刺我，但是在议论我；对我做的那件事，你们只知道大概，根本不知道内情，就不要瞎讽刺；讽刺我不在次数多少，你那一次讽刺就足够恶毒了。

当对方指责你做错了什么，你可以承认相关事实存在，但是否认他对你的指责本身：我和小刘是在一起谈话了，但你没有权力管我们；你有权力管我们，但是不应该斥责我们，我们说点儿话很正常；你可以斥责我们，但是不该这么劈头盖脸地批评，你做得太过分了。

作为反击一方，你可以回答：我的确没有权力管你，但现在我不是管你，而是提醒你，是维护我的权利，你们的谈话影响到我的工作了。或者，我说的恰到好处，没有说过激的话。如果你认为有，那也是你个人的理解问题。就算我批评你的话有点儿不当，可是你现在顶撞我不是更加过分吗？！不要得理不饶人。

处在超常条件下，吵架的态度可以严厉，甚至完全批驳对方，不给他一点儿肯定。

当涉及严重的问题，而且对方满不在乎，你可以用非常强硬的态度、尖锐的语言来批驳他，只有这样才能引起对方的重视和畏惧。

上下班都会遇到车上抢座位的事，有时会发生争吵。一次，一个男人野蛮地抢到一个座位，撞到好几个人。一个被撞到的女生十分气愤，就开口训斥他：“人这么多，你挤什么挤啊？就为了占个座位，你还要不要脸啊？”那个男人假装没听见，扭脸看着窗外。这个女生也不是吃素的，径直上前拍了拍那个男人的肩膀，说：“哎，说你呢！装什么装啊？”

那个男人躲不过去了，回过头来恶狠狠地说：“你想怎么样？不过是撞到你！”

女生更加气愤地说：“不过是撞到你？当着这么多人的面，这话你还真说得出口！这么多人都被你撞了，你却说只撞着我一人，你还真敢耍无赖啊！而且你连声道歉都不说，你这么大个男人好意思啊！”

这女生说完，立即引起被撞的其他人的共鸣。大家都安静下来，一齐看向那个男人，等着看他的反应。

那个男人听了这番话，脸也开始泛红，本来还想狡辩，看到那么多人都站在对方那一边，也就不敢了，便说：“不就是一个破座位嘛，有什么了不起的，我不坐了。”说完狼狈地站起来向车门走去。

这个女生很会吵架。首先，她没有说什么脏话。很多人都认为骂人一定要把对方长辈请出来，那样的话，即使你有理，也会让周围人感觉不快。其次，她很会利用众人之力来压倒对方。她并没有说“撞到我”，而是说“撞到大家”，这样就把被撞者全部拉到了她的阵营中，人多力量大，那个男人哪还敢说什么呢？只好乖乖地走人。

如果处在反常条件下，吵架要温和而具体。当和亲朋发生争吵时，自己的态度必须温和，甚至可以用开玩笑的轻松语调，这样既能解决问题，又保护甚至增加感情。而且要严格地就事论事，不扩大范围，不翻旧账，不揭老底。

如果是和领导吵架，除非你不想继续干下去，态度就要尽量恭敬，申辩要表现得委屈和无奈。

一次，王经理和小郭吵起来。小郭虽然在辩解，但是态度依然恭敬。

上级：（表情严厉）小郭，我告诉你们多少次了，上班时间禁止闲聊说笑。

下级：（表情温顺）王经理，我们没有闲聊，正在谈论宣传计划。

上级：撒谎，我明明看到你在笑。

下级：小刘表扬我这次做的计划有进步，我忍不住笑一下。

上级：就算这次没有闲聊，可是有人报告你经常在办公室闲聊。

下级：王经理，以前的确有那么一两次，可我没有经常闲聊。

上级：你是说别人诬陷你。

下级：我也说不准别人安的什么心，都怪我平时说话直，无意中得罪人了。

上级：就算一次也不允许。

下级：当时社会上出现了大事，我们忍不住说一下，只讲了几句话。

上级：那也不行，上班就是上班，不要心不在焉。我必须惩罚你。

下级：王经理，我们都是年轻人，难免自制力不够，我以后一定牢记不闲聊。

上级：你怎么一直顶撞我，我说一句你有三句话等着，太不尊敬上级了。

下级：王经理，我内心一直很尊敬你，你布置的任务我都是尽心尽力做好的。我这个人就是嘴巴有点儿好说，我在家对我爸妈也这样。

上级：（表情温和下来）算了，这次放过你，以后注意点儿。

下级：谢谢王经理，我一定听您的话。

小郭虽然一直反驳，但是语气温和，表情温顺，一些话也显示出了自己对领导的尊敬，所以化险为夷。但是，如果领导还是不依不饶，穷打猛追，而且下级不怕翻脸走人，那下级可以一直顶撞下去。如下所示：

上级：不管你怎么狡辩，我还是决定罚款一百元。

下级：王经理，我不是狡辩，我只是叙述事实。

上级：你叙述事实也照样罚款。

下级：王经理，你这样做不公平吧，我一个人怎么会聊起来？

上级：聊天当然是两个人聊，但是你挑的头，当然负责任。

下级：其他人也有挑头闲聊的。

上级：其他人聊得少。

下级：有的人聊的次数虽然少，但是一聊就是半天。

上级：你说的是谁？说出来我照样罚他，说不出来就是没人。

下级：王经理你不会不知道，那些整天向你打小报告的人就是。

上级：你实在是胡说八道，胡搅蛮缠。

下级：王经理，你是不是看我不顺眼，故意打击我？

上级：我就是看你不顺眼，故意整你，你不习惯可以走人。

下级：你不要仗势欺人。我知道现在我是胳膊拧不过大腿，可是你也不要忘记，这家企业不是你开的。逼急了我，我到老板那里告你的状！我一个小员工怎么着也好找工作，可经理的位置就没有那么多了！

上级：你以为老板会听你一个小员工的话？

下级：说一次，老板也许不听，但两次呢？三次呢？再说，老板不主持公道，我可以找法院；法院不主持公道，我可以找老天！

上级：老天是你家二大爷？

下级：天作孽犹可违，人作孽不可活，恶人总是有恶报的。

如果碰到混杂的条件，必须运用混杂方法，可以表情严厉而话语温和，或者时而严厉时而温和。有时候还要既批驳对方又批驳自己，既肯定自己又肯定他人。

争吵了很长时间，还没有结果，你打算结束，可以说：我们的争论到此为止吧。也许你说的有一定道理，我们还缺乏沟通，以后再解决这个问题。

当对方极端愤怒，打算由吵架变成打架，而你不愿意打架时，你可以果断终止争吵，说：我不和你这种人一般见识，以后再找你算账。

当对方服输，你还想维护双方的关系，可以说：虽然这件事你做得欠妥，但是我知道你的心地很善良，没有私心。我们以后还要一起共事，希望我们仍然是好同事、好朋友。

在争吵过程中，对方突然提出一些你不知道的事实，证明你是错误的，那么你可以像川剧变脸那样立即变换态度：对不起，我现在才知道那件事情对你造成了不应有的伤害，请原谅。不要认为这样有损自己的脸面，实际上它会挽回你的脸面。

有两个朋友发生争吵，在争吵过程中揭开一些以前不知道的内幕，关系得以修复。

甲方：我上个月拜托你帮忙找个进货的大客户，找到了吗？

乙方：不好意思，老朋友，最近我单位有急事，加上这些天有点儿病，虽然见了几个熟人，都说没关系，目前还没有找到。

甲方：你不是在故意推托吧？甭找那么多借口，你内心有没有在意这个事儿？

乙方：我们是朋友，你的事儿就是我的事儿，我怎么会不放在心上？

甲方：你还当我是你朋友吗？你这个人一向自私自利，只想沾光不想出力。

乙方：我真心把你当朋友，以前我帮过你很多忙的，你不会忘了吧？

甲方：我也帮过你，帮的忙还很大，你现在这么好的工作不就是我帮你找的吗？

乙方：老朋友，本来朋友之间不该计较相互帮忙的事情，既然今天谈到了，我们不妨仔细盘算一下。的确，你对我帮的忙大，但是我帮你的忙更多。而且，你帮助我找工作，并没有费多少力气，凭着你和老板熟悉，就是一句话的事儿。我帮你的忙，可是花费了很多时间和心血啊。

甲方：我还送给你一件值钱的古董，我表哥想要我都没有给他。

乙方：哦，古董的事情，本来我也不想说，你既然提到我就不得不说。我开始也是很喜欢的，很感激你，后来我一个亲戚过来看到，说古董是假的。我不相信，朋友送的岂能是假的？就去找专家鉴定，果然是伪造的。我当时就生气了，后来想一想，你这个人比较实在，不会故意欺骗我，你大概也是被别人骗了吧，所以我也就没有告诉你，免得伤了彼此的和气。我还是买了部你喜欢的苹果手机回赠你。

甲方：啊，是这样啊。那古董可是我花费好几千买的，我一直认为给了你一个很大的人情，你欠我的，没想到被骗了。看来我误会你了，你能原谅我吗？

乙方：我们是多年的老朋友，我知道你心地非常善良，真心把我当朋友，只是性格有一点儿急躁。这次的确怪我没把你的事情办好，找不到客户对你影响很大，换作是我也会着急。你放心，我这就出去帮你找客户。

甲方：谢谢，谢谢。还生我的气吗？

乙方：放心吧，自己有时还和自己怄气呢，老朋友吵架很正常，不要放在心上。明天晚上我请客！

甲方：好，我带瓶茅台！

乙方：明天酒桌上见！

值得强调的是，单纯骂人显得自己缺乏素质和智慧，而把骂人为坏蛋傻瓜与证明他是坏蛋傻瓜结合起来，则很有攻击力。其中，非常高效的批驳方式是逻辑归谬法，就是姑且不反驳对方的观点，用对方的话进行推理，最后得出有害于对方、有利于自己的观点。这种混杂方法看似是鹦鹉学舌，实则是请君入瓮。

俄国诗人马雅可夫斯基就非常擅长“请君入瓮”，以牙还牙，同时又妙趣横生。就让我们看一看他留下的趣闻。

在一次演讲中，他讲了一个笑话。突然有人喊道：“你讲的笑话我听不懂！”“您莫非是长颈鹿！”马雅可夫斯基感叹道，“只有长颈鹿才可能星期一浸湿了脚，到星期六才感觉到！”

一个人挤到主席台上，到他身边嚷道：“我应当提醒你，拿破仑说过：从伟大到可笑，只有一步之差！”“不错，从伟大到可笑，只有一步之差。”他边说边用手指着自己和那个人。

诗人接着回答纸条上的问题。一个问题是：你今天晚上得了多少钱？诗人回答：“这与您有何相干？您反正是分文不掏的，我还不打算与任何人瓜分呢！”

一个问题是：你的诗都是短命的，明天就会完蛋，你本人也会被忘却，不会成为不朽的人。诗人回答：“请您过一千年再来，到那时我们再谈这个问题吧！”

一张条子上说：你说过，有时应当把沾满“尘土”的传统和习惯从自己身上洗掉，那么您既然需要洗脸，这就是说，您也是肮脏的了。诗人回答：“那么您不洗脸，您就自以为是干净的吗？”

一张条子上说：你为什么手上戴戒指？这对你很不合适。诗人回答：“照您说，我不该戴在手上，而应该戴在鼻子上！”

一张条子上说：你的诗不能使人沸腾，不能使人燃烧，不能感染人。诗人回答：“我的诗不是大海，不是火炉，不是鼠疫。”

一个听众从他座位上站起来喊道：“这句话你在哈尔科夫已经讲过了！”诗人平静地说：“看来，这个同志是来做证的。我真不知道，您到处在陪伴着我。”

现在网络上骂战频繁，大家互相不见面，所以骂起来肆无忌惮。由地域歧视引起的谩骂比较常见。公正地说，人的力量，包括品德和才能，的确因为地域不同而存在差别，有高有低；不过，作为一个当代人，应该具有很高的道德素质，不能轻易歧视人。

一旦发生骂战，你可以运用请君入瓮的战术，效仿对方的逻辑，把对象或根据、结论换一下，再送回去。这样会让对方感觉在用自己的左手打自己的右脸，滋味相当麻辣。下面，我们模仿一下吵架。

甲方：×××的人素质太差。

乙方：一方水土养一方人，我们这里的经济落后，许多人的确不文明。

甲方：不要强调客观条件，就是你们人差。

乙方：哪个地方都有好人和坏人，难道你们那里没有坏人吗？

甲方：我们这里的确有坏人，但是坏人少，坏得轻，你们那里坏人多，坏得重。

乙方：你的逻辑就是，有钱有权就显得高贵，就可以歧视别人。按照这样的道理，你也会被歧视。在你们省，南边发达的歧视北边落后的。

甲方：呵呵，我在南边。

乙方：你也不要得意。在你们城市，中心区域歧视边缘区域。

甲方：呵呵，我恰巧在中心区域。对不起啦，我有资格歧视他人，尤其是你们那儿的。

乙方：就算你在最高档的地方，你仍然会被歧视，被富人歧视。

甲方：真对不起，我是富人。

乙方：就算你是富人，你也会被当官的歧视。

甲方：我是官员。

乙方：就算你是官员，你也会被更大的官员歧视，除非你是最大的官员，但你肯定不是，因为凡是大官都有大量，不会歧视别人。

甲方：我所强调的歧视是，我们这儿的人素质高，你们到我们这儿打工的人素质差，说话大声，乱吐痰。

乙方：也许我们的素质比你差。可是你跟那些上流社会的人相比，就相当于我们跟你相比，他们同样会认为你素质差。你在嘲笑我们的同时，也被别人嘲笑，你真是十足的笑料。

甲方：你的口才很好，很狡猾，我说不过你。

乙方：我的口才的确好，但我不狡猾，我非常真诚。你把我的灵活大智说成狡猾，可见你的心地多么卑鄙。其实，你的口才比我高，只不过良心比我差，所以睁着眼睛说瞎话，无中生有，小题大做，混淆是非，颠倒黑白，把好人说成坏人，把坏人说成好人。我佩服你的头脑，鄙视你的心肠！

甲方：你真是我所遇见的第一人渣！

乙方：你把一个仗义执言的人说成第一人渣，可见你才是如假包换的第一人渣！

甲方：你气死我了！

乙方：刚才我说你睁眼说瞎话，内心还拿不准，现在来看你真是那种人，被气死的人还会说“气死我了”吗？

…………

吵架的核心是争论某个问题，因此离不开逻辑思维。不仅骂别人是傻瓜坏蛋，而且给予证明，这才是最狠的绝招。

9 _劝架有妙法，无定法

除了自己与人吵架，我们还会碰到别人吵架。如果你和他们不熟悉，不了解情况，尽量不要上前劝解，多一事不如少一事。而且，有时候吵架很短暂，就算没人劝架，他们也会自己停止。如果他们都是自己的熟人，而且吵个不停，既然碰到了就应出面劝解，否则显得自己冷漠，有看热闹之嫌，也许把两个人都得罪了。当然，劝架有一定的风险，闹不好会得罪人，因此要讲技巧。

处在一般条件下，适宜的方法是低调而且直接地褒贬双方。作为劝架者，自己的态度通常要低调，要拿出哄人和央求的口气，不要轻易用训斥的口气，不要凌驾于双方之上，这样他们就会感到你的尊重，会听从你的意见。

俗话说，一个巴掌拍不响，苍蝇不叮无缝的蛋。通常吵架的原因是复杂的，双方都有一些正当理由，同时或多或少都有一些错误和责任，很少是一方完全欺负另一方。因此，自己的劝解也不能单一地偏向某一方，对双方各肯定几句，同时各打五十大板，就显得公正无私，会得到双方的理解。如果只批评而不肯定，显得他们都是错误的，他们会不服气，也就不听劝；如果只批评一方，就有袒护另一方、拉偏架的嫌疑，被批评者会恨你。

在一个车间里，年轻的小王和年长的老张争吵起来，大刘过去劝解。他先对老张说：“张师傅，你消消气。小王刚来，技术上不是很懂，把事情做错了确实不对，让谁看到都会生气。不过，你也不能骂他，现在年轻人都很要面子。看在他刚来的分儿上，原谅他一次吧。”老张听后就没再言语。

大刘又对小王说：“小王啊，张师傅骂你确实有点儿过分，不过你的确做错了事儿。老张只是直性子，他对你这个人没什么成见，你也不要计较。”小王听后也就走开了。

如果处在反常条件下，可以使用反常的方法，严厉批评双方，或者只批评一方。

当一方摆出绝不认错的架势，你得先顺应他，承认他做得完全对，同时劝解另一个弱势方：就算你有理，他也死不承认，好了，别吵了。

当一方已经明显地由占理变得理亏时，你可以只批评他一个人，他也不好意思反驳。

看到一男一女吵架，你可以只批评男人：你一个大男人怎么跟女人吵架呢？

当形势非常危急，眼看双方要从吵架向打架演变，可以高调制止，严厉地训斥双方。

当自己的地位远高于吵架的双方，双方都非常尊重自己时，可以高调训斥他们，他们不敢不听。

在《红楼梦》中有个故事。宝玉的奶娘李嬷嬷仗着自己曾把宝玉奶大，倚老卖老。一次，李嬷嬷来到宝玉这里，袭人见她来了仍然躲在炕上，没有立即下床问候，李嬷嬷就觉得袭人不尊重她，说了一些不三不四的话。双方吵起来。

凤姐听到后，便连忙赶过来拉了李嬷嬷，笑道：“好妈妈，别生气。大节下老太太才喜欢了一日，你是个老人家，别人高声，你还要管他们呢，难道你反不知道规矩，在这里嚷起来，叫老太太生气不成！你只说谁不好，我替你打他。我家里烧的滚热的野鸡，快来跟我吃酒去吧。”一面说，一面拉着走，制止了吵架。

如果处在混杂条件下，可以用既劝架又不劝架的混杂方法。

当争吵刚发生，或者分不清孰是孰非，或者双方内心无意争吵而只是为了面子僵持着，你可以编造一个借口，支开一个人或两人都支开，吵架自然平息，这种不劝架胜似劝架。

一个星期六晚上，某连队会餐，酒足饭饱之后，两个争强好胜的战士因打牌发生纠纷，先是舌战继而扭打起来。指导员得知后急忙跑到现场，大声说：“《亮剑》开播了，大家快去看电视！”围观的战士闻言拔腿就跑，扭成一团的两个战士不由自主地松开手，指导员乘势插到中间，拉着他俩的手说：“快走！有什么事儿看完电视再说！”连拉带拽，不由分说地把他俩弄去看电视。

看完令人着迷的电视，指导员见他俩虽然怒气并未全消，但酒劲儿已去，就找他俩谈心，第一句就是：“是那该死的酒叫你们伤了和气！”接着诚恳地做了自我检讨，说自己对会餐饮酒控制不当，请他俩批评帮助。这两位战士惭愧不已，本来要“理论理论”的话咽了回去，并做了自我批评。这时，指导员不失时机地强调，在军队中团结高于一切，两人终于和好如初。

这个指导员不愧是做思想政治工作的，精通劝人的技巧。因为打牌的事情吵架，很难分清谁对谁错，也没必要分，指导员把责任揽过来，两人就都没有了责任，矛盾自然化解。

听说有这么件稀罕的事情，不知真假。在一个农村，有弟兄三个，分别叫作张老大、张老二、张老三。老二和老三都出去打工了，只有老大在家。一天，为了一点儿鸡毛蒜皮的小事，老二媳妇和老三媳妇发生矛盾，骂起来了，后来还厮打在一起。邻居们开始还劝劝，后来一看实在劝不开了，就站在旁边看热闹。

这时只剩下老大一人在劝架了，他拉着老二媳妇走，老三媳妇就追上来打，他拉着老三媳妇走，老二媳妇也追上来打，如此反复，弄得他也没办法了。

情急之下，老大突然当着两个弟媳妇的面做了个让人意想不到的举动——把自己的裤子全都脱了下来。结果两个兄弟媳妇和人群里的女性都吓跑了，这场架总算劝住了。

后来有邻居调侃：他们张家劝架真有绝招啊，用的都是生化武器。这也算没有办法的办法吧。

有时候可以一半劝架一半“煽风点火”，表面“点火”暗中“灭火”。当两个人无休止地争吵，你屡劝不止，可以装作发怒地说：整天为这点儿小事吵，值得吗？光吵算什么本事，有本事打一架！听了这话，双方可能就自动停下了。

一天，刚出煤矿井口的两个工人吵了起来。同班的工友也嘻嘻哈哈地跟着凑热闹，煽风点火。哪知道吵着吵着，两人真急了，一边骂一边打，工友们怎么也拉不开。

正闹得不可开交，老队长慢慢踱了过来，大喝一声：“大伙儿都退后，让他俩打，不打死一个不要来喊我！”说完，老队长转身就回办公室了。

大家面面相觑，场上突然就静了下来，打架的两个人也蔫了，像泄了气的皮球。

这两个人本来没有深仇大恨，只是怕在众人面前丢面子，所以大打出手，不肯罢休。老队长的话把两人都镇住了，所以都一起住手。看来，兵无常形，劝架也是如此，有时剑走偏锋反而能收到奇效。

10 _乔布斯和诸葛亮共同的妙招

俗话说，请将不如激将。所谓激将法，就是用贬低性的言语，刺激对方的自尊心，促使他积极进取。这个方法不可轻易使用，许多人的自尊心不是特别强，性格不是特别倔强，这时就要采取鼓励的方法，否则你说他不中用没本事，他就真的自卑起来，还会怨恨你。如果是一个特别好强的人，犯下一些错误，又屡教不改，你可以用轻视的话刺激他，他会产生逆反心理，改正错误。

如何激将，也要讲究策略。一般条件下，可以比较温和而直接地激将。

查理·斯瓦伯担任卡内基钢铁公司总裁时，发现一家钢铁厂产量总是垫底，便问厂长怎么回事。

厂长回答：“我好话丑话都说尽了，甚至拿开除来恐吓他们，可他们软硬不吃，总是懒懒散散。”

斯瓦伯明白，即使自己以总裁的身份去训斥工人，也无济于事，工人已经不怕开除，就不会把自己当回事。怎么办呢？这时正值白班工人下班，斯瓦伯拿了支粉笔，问白班班长：“你们今天炼了几吨钢？”

班长回答：“6吨。”

斯瓦伯用粉笔在地上写了一个大大的“6”，便离开了。

夜班工人接班后，看到地上的“6”，问什么意思。白班工人说：“总裁来了，问我们今天炼了几吨钢，我们说6吨，他就在地上写了一个6。”

次日早上，白班工人前来上班，发现地上的“6”已被改写为“7”，知道输给了夜班工人，他们心里不服气，决心给夜班工人一点儿颜色看看。那一天，他们破天荒地炼出了10吨钢。

此后两班工人你追我赶，该厂产量竟然跃居公司所有钢铁厂之首。

斯瓦伯用一支粉笔就鼓舞了工人的斗志，促进工人奋发向上。其实，好多人都有不甘落后的心理，管理者如能有效、合理地因势利导，就会取得万马奔腾齐向前的效果。

还有个故事。1914年，我国著名学者章太炎因为反对袁世凯企图复辟称帝，被幽禁在北京龙泉寺，他愤然宣布绝食。他的弟子吴承仕等去看他，劝他进食。不管别人怎么劝，章太炎只是一味摇头，就是不肯进食。见此情景，吴承仕灵机一动，想起了三国名士祢衡击鼓骂曹的故事，便对他的老师说道：“现在先生反对袁世凯复辟，历史上祢衡反对曹操篡权，您比祢衡如何？”

章太炎一瞪眼：“祢衡怎么能比我？”

吴承仕紧接着说：“祢衡击鼓骂曹，曹操内心记恨，但又不愿意让自己落个杀士的罪名，就把祢衡送给刘表。刘表也想杀祢衡，也怕担杀士的罪名，便指使黄祖下手。现如今，袁世凯实在比刘表高明多了，他不用假借黄祖这样的角色，而叫先生自己杀自己。先生刚才说自己在祢衡之上，实在令人难以信服啊！”

章太炎听完之后，一骨碌翻身下床，恢复进食。你看，只要把话说到点子上，再难的问题都能解决。

处在超常条件下，激将要更加温和而间接。当自己处于弱势，而对方非常强势，问题又不是很明朗时，就必须小心激将；否则，直接严厉地训斥对方，对方可能认为你真的蔑视他，从而对你反感。

三国时期，曹操征服荆州，刘备逃奔夏口。诸葛亮看到事情危急，便去东吴求救于孙权。

当时，孙权对曹操是战是降犹豫不决，想观望曹刘的胜败之后再做决定。诸葛亮见到孙权说：“如果您认为吴越军队足以与曹军抗衡，不如早和曹操断交，摆下大军迎战。如果您认为不能抵抗曹操，为什么不归降曹操呢？现在，您表面上服从曹操，内心却在犹豫不决，事情危急而不果断决策，恐怕大祸即将临头了。”

孙权说：“按你的说法，刘备为何不归降曹操呢？”

诸葛亮深知孙权内心不想投降，便用激将法说：“田横只是齐国的壮士，他都能够守义而拒绝受辱，何况刘备是更加尊贵的皇室后裔呢？刘备英才盖世，众人仰慕，贤人智士都归顺他。如果他的大事不成，只能说是天意使然，怎么能够归降曹操呢？”

激将法果然奏效，孙权愤然说：“我发誓不能以东吴之地、十万之众受制于人！”于是，孙权联合刘备共同抵抗曹操。

诸葛亮的聪明之处在于，他知道孙权十分自负，又要面子，如果自己直接说孙权贪生怕死，不敢和曹操决战，恐怕孙权会恼羞成怒，只有拿田横和刘备做衬托，才会激起他的好胜心。

在营销上也可以使用激将法。现在，消费者的购买动机并不相同，有的为满足新、奇、怪、美的心理需要，有人为的是满足自己的好胜心。在一个商店里，一对外商夫妇看中了一枚标价3万美元的翡翠戒指，但因为价格太高而犹豫不决。观察到这一点，售货员主动介绍说：“×国总统夫人也曾对它爱不释手，可由于价钱太贵，没买。”这对夫妇闻听此言，好胜心油然而生，立刻付钱买下，然后得意扬扬，感到自己比总统夫人还有钱。

如果处在反常条件下，可以比较激烈地激将，直接毫不留情地贬斥对方。

当自己非常强势，对方有很强的承受力，而且问题很明显，可以严重地贬斥对方，对方很可能会接受激将。

1983年，乔布斯去挖百事可乐的总裁约翰·斯卡利。斯卡利开始并不乐意，乔布斯没有乞求对方，只是对他说：“你想卖一辈子汽水，还是一起改变世界？”斯卡利的自尊心被深深地刺激了，毅然抛弃优厚稳定的地位，来到苹果公司发展事业。

乔布斯对斯卡利的激将之语被业界传为名言，激励着每一个有雄心的精英上进。